わたしたちは、
地球にやって

さあ
を楽しもう！

あらゆる悩みを笑って吹き飛ばすヒントが満載です。

いちいち気にしちゃうって、才能!
でもその才能、もうちょっと
「楽しいこと」に使ってみませんキャ?
byキャメレオン竹田

※これは宇宙人になれるフルフェイスマスク。

「知らない人」が
「知っている人」になる瞬間って
ステキだよね。

Salute!（乾杯）

“またね”がない出会いも
悪くない。
むしろ、人生の宝物。

幸せは、そこにある。
あなたが見るなら。

世界は
「あなたの味方」で
できている。

上がマスター、下がシェフ。

居心地のよさに、
ルールはいらない。

心を軽くキープする練習、始めましょう。

人生、
「うまくいかないとき」
こそ面白い！

だいわ文庫

いちいち悩まなくなる本

キャメレオン竹田

大和書房

はじめに

昔のわたしは、いちいち気にしちゃう〝ビクビクワンコ〟だった。

人の目を恐れ、言葉を飲み込み、傷つくことを避け、ただただ怯えていた。

「みんな怖い！」

「どうせわたしなんて……」

そんな呪いのような言葉を、自分自身に浴びせながら。

でも、ある日、雷に打たれたように気づいた。
「待てよ？　もしかして……、
みんな、最初からわたしの味方だったんじゃない？」
その瞬間、霧が晴れ、世界は光を帯びた。

それから8年ほど経ち、父が食事の席をセッティングしてくれ、1時間くらいの短い時間でしたがやっと母と会うことができました。私が同性愛者だという事には一切触れずじまいでしたが、母に会えるようになったことは一歩前進！と前向きに考え、何よりも母に会えたことがとても嬉しかったです。

ただ、あんなに拒絶していた私と会ってくれた母が実際どう思っているのか、こちらから聞くとまた関係を断たれてしまうのではないかという恐怖心から、結局母の本心を聞くことはできませんでした。

その後はLINEで少しずつですがメッセージのやりとりができるようになり、一度だけ、法事で母に会った時は別れ際に「また帰っておいでね」と言ってもらえ、私自身を認めてもらえたかもしれない、このまま昔のように親子関係を築いていけるかもしれない、と思っていました。

先日私は誕生日を迎え、母からおめでとうというメッセージが届きました。その中に「女の子が授かってとても嬉しかった。その子がお嫁に行ってくれるともっと嬉しい。いくつになっても適齢期だからね！」とあり、私は混乱と共に落胆しました。母は決して私が同性愛者だという事を受け入れてくれたわけではないんだ、と。母が望むような娘に私はなれなかったんだ、と。

いくら親でも子供のすべてを受け入れられるわけではないこと、世の中には色々な考え、価値観を持っている人がいること、〝同性愛者〟を受け入れがたい人がまだたくさんいること、そういったことは理解しているつもりです。

ただ、もう一度、母にきちんと同性愛者であることや、男性と結婚し家庭を持つことはできないことを伝えた方がいいのでしょうか。

私は母と仲良くしたいだけなのです。買い物に行ったり旅行をしたり、親孝行もしたいのです。

ただそれだけなのですが、やはり難しいのでしょうか。

オードリーさん。つらいですね。大切な母親に自分を認めてもらえないことは、本当につらく悲しいと思います。

僕は2015年に『ベター・ハーフ』という演劇作品を創りました。登場人物が4人だけの恋愛物語でした。その一人に、トランスジェンダーの女性を選

恐れるものは、最初から何もなかった。

すべては、わたしの「思い込み」という牢獄（ろうごく）がつくり出した幻影だったのだ。

今ではどこへ行っても、「みんな、わたしのこと好きでしょ？」と本気で思えるほど、
軽やかに、堂々と生きている。

ならば、あなたも変われる。

悩みは、足かせではない。

それは、自由への入り口だったのだ。

「いちいち悩まない」。

その先にこそ、あなたの本当の人生がある！


さあ、この本を開け。

ここには、あなたを解き放つ言葉がある――。

もくじ

はじめに 2

1章 もっともっと、「不真面目」に生きよう！

「ノー」を言えなかったわたしが、バイトをばっくれた話 14
「真面目は苦しい」……？　じゃあ、やめちゃえばいい！ 19
もし遅刻したら、「いや、これは宇宙のタイミングだから」って言えばいい 25
「正解」は自分で決めていい 28
手相のホクロが風で飛んだ話 33
「こうしなきゃいけない！」が出てきたら、すかさず「そうじゃなくてもいい！」に切り替える 35
友人がメキシコでギャングに捕まりそうになった話 38

2章 空気なんて読まずにオープンハートでOK!

「言いたいこと」は我慢せず直球で伝えると、なぜか尊重されちゃう不思議　42
「そのまんまトーク!」のススメ――「言いづらいこと」ほど大切です　45
わたしたちは、もっと「ドライ」になっていい　50
わたしが「ビクビクワンコ」から「オープンハート人間」になったわけ　52
「不遇」から運命を切り開く人の考え方　58
「モヤッ」としても即口に出せない、わたしたちの悩み　60
たとえば、友達がしつこくいじってくるとしたら　63
わたしの前世は「落ち武者」!?
――「モヤモヤ」を思い切って口に出してみた!　68
相手に伝えたいことは〝言葉で〟伝えましょう　70

「いつもこのパターンに引っかかりを覚えるなあ」という人へ 72
「自分の本心」を確かめるワーク――コツは「決して自分を責めない」こと 75
神社の鳥居でまさかの○○⁉
「神さまの心」をつかんでハッピーになる方法 77

3章 「違和感」をスルーしない

長年の問題が「まるっ」と解決しちゃうお話 82
キャメレオン竹田が「ウルトラマン」になった日 84
その困難、占星術の視点から読み解きます！ 88
〝違和感〟は神さまからのギフト！――わたしが膣トレにハマったときの話 91
すべてのトラブルは〝ギリギリショッピング〟⁉
困難が困難に思えなくなる話 99

めちゃくちゃつらいときはどうするか？ 103
「苦しみ」に即効く、3つの処方箋 109
「出さない手紙」を書く——モヤモヤを〃強制終了〃させる方法 111
みんなが頭を悩ませる「毒親問題」。さて、どう考える？

4章
「ピンッ！」ときたら、即動く

「ピンッ！」とくる感覚を、何より大事にする 116
その〃ひらめき〃には意味がある 119
「欲しいもの」が、向こうから追いかけてくるようになるヒント 122
チャンスは「すぐ動く人」のところに転がってくる 129
行動するから、準備ができる 132
誰かや何かに依存しない——わたしの中の「時限爆弾」が教えてくれること 135

イタリア人、全員「ルー大柴」説!? 140
「ピンッ」ときた土地に行ってみて思ったこと 145
タロットも、あなたの背中を押してます

5章 どんどん身軽にしていく

モノに縛られない話 148
〝義務感〟は、「さようなら」の印！ 150
キャメレオン竹田流・身の回りのモノ選別基準 152
「やらない勇気」が自由を生む 155
「何もしない日」に罪悪感を持たない。むしろ、自分をほめる！ 160
どんどんベスト化すれば、いつでも「今が最適」 163
人とのご縁にも「賞味期限」がある 167

「自分らしさ」をどんどん更新していく 169

6章 ユーモアは意思！ どんどん面白がろう

サレ妻の友人が、なんと3000万円ゲットした話 174
アソコが男性になってしまった件 177
なぜ、銀行の貸金庫からお金が盗まれても、面白がれるのか？ 181
兄は、ウーバーイーツ配達員！
——「人生を楽しむ達人」から刺激をもらおう 183
わたしにとって帰省とは、「落語家が寄席に仕事に行く」感じ 186
「なんでこうなるんだろう？」って思ったら、だいたい自分がそれを許している 190
「ずっと一緒にいてもラクチン」な人の条件とは 193
心配しなくても、あなたの親孝行はすでに終わっている 196

「透視家」から「投資家」へ⁉ ドキドキを求めて株を勉強してみた結果 199
わたしが考える、ＦＸや仮想通貨に向く人 203

7章 自分と他人に「いいこと」をする

全社員トウメイ人間――わたしの会社が「一番、大事にしていること」 206
「分身の術」で、願いを引き寄せる法 208
「人が喜ぶこと」をすると、いいことが目白押しでやってくる 212
「お金の巡りをよくしておく」ことは「世の中のためになる」こと 215
おごるのも、おごってもらうのも、愛 218
人は「人の役に立つこと」をしたくってしょうがない 220
「オリジナル」こそ最強の生き方！ 226

わたしは社会不適合者⁉ 229
これからの「時代と価値観」の変化を読み解きます 233
おわりに 234
巻末付録 キャメレオン竹田の「頭の中」がわかる！ Q&A

1章

もっともっと、「不真面目」に生きよう！

「ノー」を言えなかったわたしが、バイトをばっくれた話

わたしは、今は多分、断れる人になりましたが、昔は、断れない人だったんですね。

「断っちゃいけない」と思い込んでいたといいましょうか。

これは、わたしが19歳のとき、東京の南青山にあるイタリアンレストランでバイトをしていたときの話です。

最初、わたしはそのレストランに、ディナータイムのときのホールスタッフとしてのアルバイトで入りました。

しかし、昼間のバイトの人がたびたび休むことがあり、お店の人に、「お願いだから、昼間も入ってください」と頼まれちゃったんですね。

最初は断ったものの、「お願い！　お願い！」と何度も頼まれたのと、ちょうど夏休みでもあったのと、わたしは押しに弱く……、

結局、断ることができませんでした。

そう、わたしは適当な嘘がつけない性質でもありました。

バイト先の頼みを断れなかった結果……

一度引き受けると、何度も頼まれるようになり、それが当たり前のようになり、**ついには一日中、働くことになっていた**んですね。

ランチ前に準備があるので、午前中にバイト先に行って、ランチタイムが終わると、掃除をし、その後に、賄（まかな）いご飯を食べます。

食後、少しだけ休憩時間がありますが、その後に、今度はディナーの準備の時間に入ります。ディナータイムが終わると、後片付けをし、その後に、また賄いのご飯を出してもらいます。

イタリアンだったので、賄いご飯のときにワインも毎回飲むことになり、なんやかんやで終電で帰宅、といった流れです。

さらに、神宮前の花火のイベント貸切の日や、大掃除などの、時給が発生しないお手伝いも断れなかったので……。

もはや「**お店の人なの!?**」というくらい、毎日バイト先に通っていた気がします。

当時のわたしの「頼まれたら断れない」という謎の真面目さのおかげで、無理をしすぎてしまい……。

ある日、自分の中で限界がやってきました。

その日は、睡眠時間も十分に取れていなかったせいか、仕事中に貧血になったり、ワイングラスを割ってしまったり、出来上がったパスタを違うお客様に運んでしまったりしました。

これは……「も〜無理だ！」と、自分の中で確信。

とはいえ「辞める」と伝えたとしても、人が足りなくてすぐには辞めることはできないだろうし、そもそもわたしには、それを言い出す勇気もありませんでした。

よって、次の日から、そのバイトには行かなくなりました。

当時、お給料は現金の手渡しでした。

しかし、その月に働いた分のお給料を取りにバイト先に行くことは、怖くて絶対に不可能！

わたしの労働した給料が～！

でも……、

そんなことはどうでもよかったのです。

その後、お店からメチャクチャ電話が来ましたが、居留守を貫（つらぬ）きました。間違って出ちゃったときは、切る！　切るときには、「切」ボタンを連打！！！（笑）

留守電は怖いので、一瞬再生して、そうだったら（お店の人からだったら）、それ以上聞かずに、すぐに消す！

「いい子」って、それは誰にとってなの？

さて、真面目って一体なんだろう。

人の言うことを聞きすぎる、いい子であるのが「真面目」だとすれば、それは**我慢の塊**なのかもしれません。

当時のバイト先の皆さんにはご迷惑をかけちゃったのですが、「人に無理をさせると壊れる」ということを、学んでいただけたかなと思います。

このバイトを経験して、もちろんいいこともありました。

この3ヶ月間のバイトのおかげで、わたしはワインにくわしくなり、ワインのボトルを上手に開けられるようになりました。

また、シェフが厨房で調理する様子を横目で見ていたので、美味しいパスタの作り方を覚えることもできました。

なので、そのとき好きになった、赤ワインのバローロは今でも本当に大好きですし、ボンゴレパスタなどを上手につくることができます。

「我慢」は必ず反動が来る！

「真面目は苦しい」……？じゃあ、やめちゃえばいい！

つらくなっているときは、真面目になっているときです。

なので、**「なんか真面目になっているな〜」って気がついたら、「真面目をやめちゃえばいい」**んです。

真面目が素晴らしく、不真面目が悪行というのは、「思い込み」というか、社会に思い込まされてきた感じではないでしょうか。

極端な例かもしれませんが、戦後間もない、配給だけでは満足な食料を手に入れるのがむずかしかった時代は、闇(やみ)市で米を仕入れて食べない人は、下手をすると死んでしまいました。

闇市は、「真面目か不真面目か⁉」っていったら、どっちかといえば不真面目になりますよね。でも、闇市を利用したから生き延びることができた命もあるはずなんです。

それに、真面目に生きていると、真面目じゃない感じでうまくいっている人を見ると、面白くありません。だって、「真面目じゃないとけしからん」からです。

なんで「けしからん」のでしょうか。

それは、**真面目が苦しいから**です。

なので、自分が我慢しているのに、我慢せずにやってのける人を見ると、ムカつくんです。

真面目にしていれば救われるというのは、幻（まぼろし）です。

法律さえ守って、人を傷つけたりさえしなければ、あとは不真面目でも大丈夫なんじゃないかって思うんですよね。

わたしは、こんなに不真面目に生きてきた！

ここで、今までの、わたしの「不真面目」をいくつか発表しちゃいたいと思います。

・小学生のときの読書感想文で、本に掲載されていた「あとがき」をそのまま書いて自分の感想文として提出した所、気づかなかった先生にめちゃくちゃ褒められた。
・中学生のとき、新体操部の大会で、レオタードを着るのだが、当日の朝、ブラジャーを忘れてしまい、乳首にピップエレキバンの磁石を外したものを貼って出場。
・20代のとき、合コンに誘われ参加した。が、開始10分で「時間の無駄」と判断し、「用事を思い出した」と言って途中で帰った。
・これも20代のとき、会社で、暗黙の了解で、たびたび全員参加の懇親会が開催されていた。わたしを含め、若手社員の女性がそこでやることといえば、上司にビールをついだり、笑顔で話を聞いてあげたりするといった、ホステスさんみたいなことだったので（※そもそも、この懇親会は就業時間外だった）、わたしだけ参加せず帰った。次の日、上司からめちゃくちゃ怒られた。
・20代のとき、仕事中に、会社のパソコンで、周囲にバレないようにめっちゃタブを小さくしてｍｉｘｉをしていた。
・20代のとき、仕事中に、会社のパソコンで占いのデータをまとめたり、印刷したりして、占いの勉強資料をつくっていた。

・20代のとき、会社の会議中に議事録を取りながら、自分が占い師になったときのペンネームを考えていた。
・リッツカールトンのレストランで、ビーチサンダルを履いていったら、ドレスコードがあり入れないと言われたので、しばらくして、ビーサンにハンカチを巻いて、きちんとした靴っぽくして堂々と入ったら、バレなかった。
・岡本太郎美術館に行ったら、ちょうど庭の手入れの日で閉館していた。門から中を覗(のぞ)くと庭師さんがいたので、その人にでたらめな片言で、「わたしは外国人観光客です。せっかく遠い所から日本に来たので、どうか庭を見せて欲しい」と頼んでみたら、特別に中に入れてもらえた。
・インプラントの手術の日、歯医者さんに「術後2週間くらいは飲酒を避けてください」と言われていたが、次の日、赤ワインをちょこっと飲んだ。
・ウェンディーズのサンドイッチは、横からかじる!

……といった感じです。

不真面目ですよね〜!

「みんなと同じ」が息苦しい人へ

「縛られてる感」があったり、「常識に囚われている感」があったり、「みんなに合わせている感」があったりして、それが苦痛だったら……、

それは、不真面目になってもいいって思います。

「こうじゃなくちゃいけない」という決めつけをやめて、もっと自由に生きちゃっていいんです。

あまり我慢していると、必ず、心や体に出ますからね。

「普通はこうだ！」って本望じゃないことをするというのは、「普通」に支配されていますからね。

そもそも、「普通」って「みんなと同じ」ってことですからね。そんなことをしていると、自分で考えることを放棄するようになってしまいます。

型にハマっていては、自分のオリジナルは生かされません。

「普通」とか「こうしなきゃいけない」って思い込みなんて縛りは、外しちゃってナンボです！

〝普通〟を解除せよ！

もし遅刻したら、「いや、これは宇宙のタイミングだから」って言えばいい

これは10年以上前の話なのですが、福岡で、占星術セミナーをする予定があったんですね。

で、その日は、福岡に住む友人たちが、わたしを車で、福岡や熊本の素敵な場所をいろいろと案内してくれました。

昼間は一日中遊んで、夜はセミナーだったので、友人が車で、その会場に送り届けてくれたのですが……

渋滞なのか何なのか、なかなか会場に辿(たど)り着かなかったんです。

「ヤバイ！　30分くらい遅刻!?」

さすがのわたしも、ちょっと焦ってきました。だって、**会場に50人くらい（だったかな？）を待たせている**んですからね。

何とか渋滞を抜けて、やっと会場に着いて、急いで中に入ろうとすると……。
現地のスタッフの方になんと……。
髭（ひげ）を渡されたんですね（※付け髭です）。

！！！？？？

付け髭を渡されたわたしは、それを付けて、会場の中に入りました。
すると……、
全員が、髭ダンスしてたのです！！！
ザ・ドリフターズの髭ダンスの音楽がかかっていて、みんな、会場の中をくるくると円を描いて踊っています。

こっ、これは！！？？？ｗｗｗ

わたしもすかさず、髭ダンスを始めました。そして、しばらく、謎の髭ダンスの時間が続きました。

シュールすぎる!

なんと……。

わたしが遅刻をしたのは、会場の中の髭ダンスの準備が押していたようで、わざと車で遠回りをするよう、宇宙から時間を調整されていたようなんですね（わたしは、そのように解釈しました!）。

最高でした!!!!

みんなで面白いことをするって、「愛」でしかない!

「正解」は自分で決めていい

わたしは占い師をしていることもあり、人生相談をされることがよくあります。

それもあってよくわかるのですが、人が、誰かに何かを聞くときって、「自分の欲しい答えを求めているとき」だったりしますよね。

だって、**誰しも、答えは自分の中にあります**からね。

「どっちがいいと思う？」なんて聞いておいて、自分がいいと思っている方ではない方を「いい」と言われたりすると、誰しも顔がくもります。

また、愚痴（ぐち）や泣き言を言って、共感してもらいたいだけなのに、その発言に対して説教されたりすると、つい、相手に対して怒りが出てきたりもするでしょう。

でもこれって……、

相手が悪いわけではないですよね。

「自分の答え」を自分で知っているのに、外に聞いちゃっているから起こる出来事なわけですから。

相手も自分も尊重する、ということ

わたしたちは自分のままでいいですし、自分を信じていけばいいだけなんですよね。
「宗教・自分」でいいんです。
自分１００％でいいんです。

こ〜言われた、あ〜言われた、こ〜思われる、あ〜思われる。
これら、自分の存在価値に関して、
ま〜ったく関係な〜い！

そこで、相手を説得して変えようとしたら、どんどんおかしな方向に行きます。だって、相手は、相手の「宗教・自分」ですから！

「自分は自分」が正しいことは間違いないし、「相手は相手」が正しいことは間違いありません。

占い師は、タロットカードの〝どこ〟を見ているのか？

わたしの占い師としてのキャリアは、タロット占いから始まりました。

実はタロット占いというのは、未来が見える……というわけではありません。

タロット占いの種明かしをすると、占うとき、**出たカードの絵柄から、「自分が受け取りたいポイント」を探していく**んですね。

ですので、そのカードの本質的な意味合いもありますが、それを加味しつつも、いかようにも読み解くことが可能なんですね。

まったく同じカードが出たとしても、そのときによって、解釈が変わっていくことは当たり前なんです。

ですので、**「自分の心の確認作業」にもってこい**なのがタロットカードなのです。

「相手に、これを伝えてもいいかな？」

と問いかけて引いたカードが、「終了」を意味する「死神」というカードだったとします。

本人が、本当に、どうしても相手に伝えたい場合は、

「そうか、相手に伝えることで、スッキリしてモヤモヤが終わる！」

と解釈しますし、
本当は伝えたくない場合は、

「あ〜、やっぱり今、伝えるのはやめとけってことか〜！」

と解釈できます。

また、「これ（ビジネスでも勉強でも恋愛でも）を始めてもいいかな？」

と問いかけて引いたカードが、「沼（ぬま）る」を意味する「悪魔」というカードだったとします。

その人が本当に始めたい場合は、

「ある意味、とことんまでハマって楽しめるかも！」

と解釈しますし、

本当は始めたくない場合は、

「これは、悪魔の誘惑だ！　気をつけろっ！」

と解釈して、始めるのをやめることができます。

せっかく、自分を堪能(たんのう)するために、この世に生まれてきたのだから、自分以外になるのではなく、しっかり自分を生きましょう！


「宗教・自分」のススメ！

手相のホクロが風で飛んだ話

わたしの友人の話ですが、以前、こんなことがありました。友人が、占い師に手相を見てもらったんですね。

手相占い師は、友人の手のホクロを見つけ、指摘して、こう言いました。

「やはり！　ここにホクロがあると思いました……」

そして、「だから、あなたはこうなんですね！」と、いろいろとウンチクを披露したり、アドバイスをしてくれたりしたそうです。

すると、そのとき、風が吹いたんです（いや、誰かの鼻息かもしれません）。

その瞬間……、

ホクロは飛んでいってしまったのです。

友人「これ、ホクロじゃなくて、ホコリ⁉」
手相占い師「いやっ……、(ホクロは)手の奥にある！」
友人「ある？」
手相占い師「**ある！！！**」

引くに引けない手相占い師でした。
手相占い師も、「宗教・自分」！

自分は、自分の「宗教・自分」
相手は、相手の「宗教・自分」

「こうしなきゃいけない！」が出てきたら、すかさず「そうじゃなくてもいい！」に切り替える

「自分のためが全世界のためになる！」

って、嘘のようで、本当の話なのです。

人は何かを我慢していると、人からエネルギーを奪いますからね。そして、体調に出ることもあれば、不平不満、愚痴、泣き言が湧き出てきます。

でも、自分が完全に満たされていれば、人にエネルギーを分けてあげるだけになります。**いつも機嫌がいい人になれるのです。**

そして、いつだって、とっても自由！

だから、**わたしはいかに、自分が何かしら我慢をしていないかどうかを、いちいちチェックします。**我慢が生じていたら、すぐにやめるのです。

とはいえ、筋トレのように、ちょっと無理することで成長することなら、喜んでします。

気をつけたいのが、これは「成長が伴う我慢」限定、ということですね。

わたしがやめているのは、「成長が伴わない我慢」のことです。でも、最近はもうすでに我慢していないので、自分が我慢をしていることを見つけることの方が、大変です。

・一緒にいたくない人とは無理やり会わなくてもいい
・行きたくないときは無理やり行かなくてもいい
・食べたくないときは無理やり食べなくてもいい
・眠くないときは無理やり眠らなくてもいい
・やっぱりやめたいときはやめてもいい
・やっぱり追加したいときは追加してもいい
・途中で帰りたいときは帰ってもいい
・変更したいときは変更してもいい

つまり、「こうしなきゃいけない！」というものは、ありません。
もしも、「こうじゃなきゃいけない！」という思考が出てきたら、すかさず、「そうじゃなくてもいい！」に切り替えますね。

そうなっていくと、ルールも何もなくなっていきます。
どっちでもいいし、どっちでも楽しくなってくるのです。

決まりはない。だから、楽しい

友人がメキシコでギャングに捕まりそうになった話

ここまで「不真面目でいい！」とお伝えしてきました。

ただ、あまりにも、いつもノリで行動していると、危険な状況になることもありますので、注意喚起として、その話もしておきたいと思います。

以前、友人たちと、アメリカ・アリゾナ州を旅行したときのことです。

メンバーの一部が、なぜか深夜からメキシコに行ってみたくなったようで（アリゾナ州とメキシコは、国境線で接しています）、彼らだけ車で出かけていったんですね。で……、

結果として、全員無事に帰ってきたのですが、みんな青ざめていたんです。よくよく話を聞くと、生きるか死ぬかの体験をして戻ってきたそうなんです。

友人たちは、アメリカとメキシコの国境線のところで、メキシコ警察に捕まってしまったんですね。

よくわからない言いがかりをつけられて、車から出され、四つん這いにさせられ、ピストルを突きつけられたそうです。

相手は、メキシコ警察という名のギャング！　彼らは友人たちに、持ち金を出すように要求してきました。

幸い、友人たちは靴下の中にお金を隠していました。で、それ以外の残りのお金をメキシコ警察という名のギャングに渡すことで、無事、解放されました。

絶体絶命の大ピンチ！　そのとき助けが……？

そのとき、心の中で、みんな、ひたすらこの呪文を唱えていたそうです。

「アメノミナカヌシさま、お助けいただきありがとうございます」

これは、わたしが尊敬している実業家の斎藤一人さんが、「いざというときに唱えると、神さまから助けてもらえる」として、推奨している文言です。
まさか、こんなときに使うなんて！！！（笑）
本当に、助けてもらえてよかったですね！

困ったときの最終手段は、
「アメノミナカヌシさま、お助けいただきありがとうございます」

2章

空気なんて読まずにオープンハートでOK!

「言いたいこと」は我慢せず直球で伝えると、なぜか尊重されちゃう不思議

若い頃、竹田くん（旦那）は、仕事のストレスが溜まりすぎていたのか、割と怒りん坊だったんですね。それで、そのネガティブな感情を、わたしに八つ当たりして発散するときがありました。

わたしは、竹田くんから当たられても、やり返しませんでした。当たられっぱなしになっていたんです。

そして、**それを許容していると、だんだん竹田くんは、感情的になる頻度（ひんど）が高まっていきました。**

わたしは元々、感情的なタイプではありません。そもそも「怒り」という感情をあまり持っていないのです。

でですね、ホロスコープでいうと、「怒り」は火星が司るのですが、わたしは、その火星を全然使っていませんでした。

これは、わたしの専門である西洋占星術の考え方なのですが……。

実は、自分のホロスコープ（占星術における、各個人を占うための天体の配置図のこと）の天体って、きちんと自分で使っていないと、パートナーなどの身近な登場人物が、その役割を自分の代わりに演じてしまうことがあるんです。

「自分が抑えていること」がパートナーに出る!?

パートナーとは、夫婦や恋人、家族、あるいは、いつも一緒にいる人やとにかく近しい人です。特に、夫婦や恋人には如実（にょじつ）に出ます。

わたしは「怒り」という感情を放棄して、自分の近しい人に、「怒り」を演じさせていたようなのです。

「これだ！！！」と気がついたわたしは、一回、静かに笑顔で、尖（とが）ったナイフな感じを表現してみました。

「次、わたしに当たったら、別れるよ!」と。

すると、それからは、竹田くんから当たられなくなったのです!

しかも、むしろ……、

以前とは逆に、何となく尊重されるようなったのです。

受け身をやめると、人生が自分のものになる

「そのまんまトーク！」のススメ
――「言いづらいこと」ほど大切です

人に何かを伝えるときには、ありのままを伝えればいいんです。

変に取りつくろったり、ちょっと自分を偽ったり、へりくだったりすると、相手にも若干迷惑だし、何を隠そう、困ることになるのは自分自身なんですよね。

そもそも、**「どうして、自分のありのままの、気持ちや状態を伝えられないことがあるのだろう!?」**って思いませんか？

それは、相手にどう思われるかを気にしているからでしょう。「嫌われたくない」とか、「いい人と思われたい」とか、はたまた「怒られたくない」とか。

相手にどう思われるかに合わせて、自分がどう思うかを無視していくと、いろんなことが狂っちゃうんですよね。

「自分」という存在が、どんどんわけがわからなくなっていきます。

「相手にどう思われるか」に意識を合わせるのではなく、「自分がどう思うか」に合わせていくと、自分も相手もみんな幸せになります！

ここがポイントです。

相手も幸せになるんです。

「ありのまま伝える」って、たとえばこういうこと！

ですので、言いづらいことがあって立ち止まっちゃったときは、ちょっとだけ勇気を出して、いちいち素直に、相手に事情を話してみるといいかもしれません。

つい、「大丈夫じゃないこと」を「大丈夫」と言っちゃう人の場合は、

「わたし、本当は大丈夫じゃないけど、大丈夫と言ってしまうクセがある人なんです」

と言えばいい。

いつも、約束をしても納期が遅れちゃう人だったら、

「自分、いつも約束をしても納期が遅れちゃうタイプなのですが、そこのところは大目に見てもらえますと幸いです」

と言えばいい。

「興味のない話」がずっと続きそうになったら

わたしの話をします。

ある方と、わたしのインプラントの歯の話題になったときのことです。

その方は、とある歯医者さんで歯の詰め物をすべて取ったところ、長年の悩みの種だった頭痛がなくなった、とのこと。それで、わたしにその歯医者さんをオススメしてくださったんですね。

相手は親切心から、わたしにいろいろとくわしく教えてくれているわけですが、わたしは正直、その話にまったく興味が湧きませんでした。

そもそも、特についてアドバイスを求めているわけでもなかったので……。

で、このままだと、興味のない話がずっと続きそうだ、という危険性を感じ取ったわたしは、素直に相手にこう言いました。

「あの～、わたし、この話まったく興味がないので、この話は、終わりにしてくださっても大丈夫ですよ!?」と。

すると、すぐにその話題は終わりました！

めでたし、めでたし！


「この話題、今すぐ終了させたい！」、そんなときは

あと、こんなこともありました。

その方は、ちょっとスピリチュアル好きな方で、

「キャメさんは、これから、子供にどんどん携(たずさ)わっていくことになりますよ！」

と、かなり具体的な子供関連の仕事を、わたしにめちゃくちゃオススメしてきたんですね。

「へー！　ちょっと面白いかもしれない！」と思ったものの、それは一瞬だけで……。すぐにわたしは「これは、絶対に途中から面倒になる案件だ！」と確信しました。というか、もはや、すでに結構、面倒な気持ちになっていたのです。

子供関連の仕事かあ。

興味はあるけれど……。

もしかして将来する可能性はあるかもしれないけれど、今は違うよなと。

ですので、それをそのまま相手にお伝えしました。

「これは、面倒くさくなりそうな予感大なので、お断りします」と、正直に。

すると、すぐにその話題は終わりました！

わたしは、わたしらしくいるだけでOK！

わたしたちは、もっと「ドライ」になっていい

以前、とある方の話を、**4時間くらい聞いていたん**ですね。わたしは聞き上手なので、油断すると、相手が永遠に話をしてしまう傾向があります。

最初は静かに聞いていたのですが、まあでもさすがに、眠くなってきてしまい……、「ちょっと、もう眠くなってしまったので、このへんで……」と、相手に正直に伝えました。すると、なんとその方は、**「大丈夫よ〜！　眠ってていいから、聞いてて！」**とか言ってきたので、びっくりしたことがあります。

わたし、聞き上手にも程があるだろっ！（笑）

「断ること」に罪悪感を持たない

あと……、断る話といえばですね、占い連載のお仕事のご依頼を、いろいろな方面からいただくのですが、ワクワクしない場合は、結構、断っています。

その場合は、**ストレートに、理由なしで、「辞退します！」とだけお伝えしています。**

それでも、「どうしてもお願いします」と言われた場合は、ついでにタロットで占って、その結果を先方にお見せしてます。そして、**「このカードが出たので、辞退となります」**と、お伝えすることにしています。

タロット占い師のわたしだからこそ、説得力があり！

さて、こういう話をするのは、断るのが苦手な人に「こんなやり方もある」と知ってほしいからです。わたしも、かつて断れない人だったのでその気持ちもわかるのですが、**これくらいのカジュアルな感覚でサクッと断っちゃっても、いいんですよ。**

そのまま伝えれば、ちゃんと通じる

わたしが「ビクビクワンコ」から「オープンハート人間」になったわけ

わたしは、今こそオープンハートですが、昔、会社員だった頃までは、ハートに何重もの南京錠をかけていました（友人といるときだけ、外していましたが）。

特に、最初に勤めた会社でＯＬ（主に事務仕事をする女性社員のことです）をしていたときは、自分でも自覚して、ロボットとして活動していましたね。

で、ロボットだけれど、仕事のお付き合いで、チームやお客さんの会社、あるいは、先輩の方々とお酒を飲んだりすることも多かったのです。

そんなとき、お酒が入ると、いつもよりはハートが開いて、フランクにトークをしてしまうのですね。しかし、次の日になるとリセットされて、完全にロボットに戻るという性質がありました。

なので、一緒に飲んで、どんなに和気藹々（あいあい）トークしたとしても……、次の日には、それが何もなかったことのようになります。

めっちゃ人見知り！

わたしがいつもオドオドしていた理由

というのも、わたしは若い頃は、出会う人たちのことをみんな恐れていました。特に、上下関係が生じるケースはビクビクしてしまうのでした。

それは、（今はそうではありませんが）、わたしの母親が若いときにヒステリー気質で、とにかく**めちゃくちゃ怖かったから**だと思います。

当時は、まだメンタルと身体の関係についての知識が一般的ではなかったので、それは単に本人の性格的なものかと思っていましたが……、今思えば、あれは母のＰＭＳ（月経前症候群）や、ＰＭＤＤ（月経前不快気分障害）などの影響によるものだったのかもしれないと思います。

さて、というわけで、わたしは、**「いつ、どこで、人の感情が爆発するかわからな**

い」と常に恐れる、ビクビクワンコの性質に育ちました。

なので、いつもオドオドし、人の顔をうかがい、けれど、人と目をあまり合わせず、といった挙動不審な要素が多かったと思います。

でも、そんなわたしが、いつの間にか、オープンハート人間になっていたのは、いつからなのだろう!!!???

と振り返ってみると……。

「ビクビクワンコ」の呪縛が解けた超・意外なきっかけ

まず、大きかったのは、21歳のときの出来事です。

ある日、**母親が、わたしの日記付きの手帳をこっそり読んだことに気づいたんですね**（ある意味、浮気調査!? みたいな感じだと思います。というのも、母は、わたしの兄にははじめて彼女ができたときなども、めちゃくちゃキレていましたので、母にとっては、自分の子供に恋人ができるのは、なぜか浮気されるかのような感覚だったようです。ちなみにわたしも、ある意味、母親にとっての浮気⁉　がバレないように、高校2年生から25歳くらいまで、竹田くん〈旦那〉との交際はずっと隠し通していました。笑）

そのとき、わたしははじめて反抗しました！

クソババア〜〜〜〜〜〜〜!!!!!と。

そのとき、わたしの中の、今まで恐れていた幻想が消えたのです。

「母に逆らえるわけがない」という思い込み

というのも、わたしは、このときまで本当に母親が怖かったのです。

どれくらい怖かったかというと、母親から電話がかかってくるたびに、ビクッとして、手を震わせながら出ていたほどだったんですね。

それが、このときの反抗をきっかけに、やっとわたしは、「恐ろしい母親（自分は絶対に敵わない）」という幻想から目を覚ますことができたんです。

親に反抗しないと、「本当の自分の人生」というのは始まらないんだなって、思いましたね。

反抗期に「年齢」は関係ない！

そうそう、わたしの50代の友人は、つい最近になって、今まで眠っていた母親への反抗心に気づき、ものすごい脱皮を果たしました。

それまで、友人も言いたいことを母親に言えなかったそうなのですが、一念発起し、母親に向かって、

「あなたのそういうところが悲しかったし、寂しかったし、我慢してきたんだ！」

と、言いたかったことを号泣（ごうきゅう）＆嗚咽（おえつ）しながら、すべてぶつけたのだそうです。すると友人の母親は、涙ながらに娘の言葉を受け止めてくれました。

友人から、

「人生の清々（すがすが）しいゼロ地点に立った気分だ！」
と連絡が来て、このことを知った次第です。

反抗に早いも遅いもないのです。
気づいたときに、ちゃんと自分の人生を始めましょう。

反抗は、人生はじまりの合図

わたしは占い師なので、このときのエピソードを、西洋占星術の観点から解説してみたいと思います。

「土星」という天体は、その人の苦手意識を表すんですね。自分のホロスコープのどの場所に土星があるかで、「その人が今世で乗り越えるべき壁」が何なのかが、わかるんです。で、わたしの場合は、まさに、その壁が「**人間関係**」だったんです。

それでですね、土星は、単に「苦手」を表すだけではありません。

本人が、自分の壁とちゃんと向き合うことで、その「これまで苦手としていたこと」が、逆に得意になっちゃう、という天体なのです。

ちなみに、人は、「苦手」を「得意」にすると、それをもとにお金を稼げるくらいの達人になります。つまり、「プロ」になれます（実際、わたしも、今、かつての苦手分野だった「人間関係」を人にアドバイスする本を書いていたりしますしね）。

土星は、人の「苦手」をプロ化してくれる、というすごい天体なのです。

わたしは、昔は、「みんな恐い！」だったのが、今、わたしは、「みんな味方！」と思えるようになっています。

すると、昔は、みんなわたしの粗探しをしているように感じていたのに、**今は「みんな、わたしのことが好きでしょうがないんじゃないか!?」っていうふうに見えちゃうんですよね。**

そして、そう思っていると、本当にそうなっちゃうのがこの世界の法則なんです。

キャメレオン竹田、土星、プロ化したキャも！

「苦手」を乗り越えたら、それはもう特技！

「モヤッ」としても即口に出せない、わたしたちの悩み

人との会話や行動などで、「引っかかっちゃうこと」ってありますよね。魚の骨が喉(のど)に刺さったまんまというか。

一度、引っかかっちゃうと、その後、話が進んでいっても、意識はその部分で止まってしまうといいましょうか。

そこを解消しないと、後味が悪い感じ。そのモヤモヤをそのままテイクアウトして、寝かせ玄米のようにしておくことも、できるといえばできます。

でも……。

それに関して気にしている時間って、もったいないですよね。「後で言えばいい」なんて思っていても、なかなか伝えられずじまいなものです。

また、そのときは引っかかりを感じていなくても、家に帰ってしばらくしてから、

「あ、自分、引っかかっていたな！」ってことに気づくパターンもあるんです。

あとですね、伝えるタイミングをうかがって、「平和で穏やかな空気のときに伝えてみよう」とチャレンジを予定していても、いざその平和な空気が訪れると、その空気が壊れるのが怖くなって、やっぱり言い出せない……。

ってこともありますよね。

こういうことって、「言える人」って普通に言えるんですけど、「言えない人」は言えないんです。「言えない人なり」の思いがあるんですけどね。

ハッキリ言えちゃう人には、わからない心理かもしれません。

原因が「自分にある」から、同じところで引っかかる!?

また、相手のせいにしてしまうと、モヤモヤは解決しないんですよね。一見、相手のせいに思えてしまいますが、根本の原因がそこじゃなかったりしますからね。

てか！　そもそも、なんで引っかかるのでしょうか？
それは、自分自身が「引っかかるパターン」を持っているからなんですよね。だって、相手が違う人に変わっても、同じパターンでまた引っかかりますからね。
同じことをされても、引っかからない人は引っかかりません。

じゃあ、自分はどんなところに、いつも引っかかりを覚えるのだろう!?

これをつかむことができれば、このゲーム（わたしたちの人生は、ゲームです！　楽しく遊ぶ、あれです！）はグッと簡単になります。
この話を、次項でもよりわかりやすくお伝えします。

同じことでモヤモヤするなら、それは相手じゃなくて「自分のパターン」ってこと

たとえば、友達がしつこくいじってくるとしたら

たとえば、自分がいじられたことについて、モヤッとしたのに、つい笑っちゃったとします。

すると、相手はあなたが「いじられるのが好きなんだ」と勘違いし、やたら、いじってくるようになったり、あるいは、「この人には何を言っても大丈夫」と思われ、境界線を越えて、発言がエスカレートしてきたりした、とします。

さあ、この後、いつもの自分だったら、どうしますか？

①　あきらめて笑ってやり過ごす↓いつも何かしらいじられて、その都度不快になる

②　「いじられるのが好きではない」と、冷静に伝える↓またいじってくる可能性はあるが、その頻度が低くなったり、またはやめてくれたりする（もしも相手がやめなかっ

たら、「人の嫌がることをする人間とは、もうこれ以上関わらなくってＯＫ」などと決めておきましょう）

③ 怒る→あなたをからかったりいじったりするようなことを言わないようになるかもしれないが、「冗談なのに、何怒ってるの!?（笑）」とさらにいじられたり、「あなたが喜んでるから言ってたのに〜！」と、これまでのことをあなたのせいにされる可能性がある

④ 何も言わずにその人から離れる→この関係性は終わるが、このパターンをあなたが攻略しなければ、違う人で、また同じゲームが生じる可能性がある

他にもパターンはありますが、このくらいにしておきましょう。

さあ、「目の前の選択肢」から、どれを選ぶ？

たとえば、いつも①の「嫌なのにもかかわらず、それを伝えないで笑っていた」としたら、あなたが自分の行動パターンを変えてみることで、その後のシナリオが変わ

ります。

で、いつも①なので、②の行動を選択したとしましょう。

いったん、相手はいじらなくなりました。が、しばらくして、以前のやり取りを忘れて、またあなたをいじっちゃったとします。

では、どうするか。

そこから、また、②をしばらくやってみてもいいでしょうし、「②では埒があかないな」と判断して他の選択肢を選んでもいいでしょう。

わたしが言う「相手を変えるのではなく、自分の選択肢を変える」というのは、つまりこういうことなのです。

「人生の自由度」がアップする、ちょっとしたこと

自分がよく引っかかるポイントがわかれば、あとは、そこで相手を変えるのではなく、自分のやり方、出方、つまり、選択肢を変える！

ただこれだけで、人生の自由度が変わります。

何が正解というのはありませんし、白黒ハッキリさせなくてもいいのです。グレーでもいい。

とにかく、色々な方法を試してみて、ゲームを攻略していきましょう。ゲームは楽しむためにありますからね。

そして、相手はこのゲームを簡単にクリアできないように、あなたに対して、しつこく「引っかかるような言動」を繰り返してくれている、と捉えてみてください。

そういう配役なんですよね。

そう捉えてみると、めっちゃありがたいですね！

多くの人がおちいりがちな〝落とし穴〟とは

で、ゲームの攻略の仕方で、一番ダメなやつがあります。

それは、**「言わなくても察してくれ！」という態度を取ること**です。

これって、相手に通じません。ていうか、「何か、不機嫌で感じ悪いやつだ！」というくらいにしか、相手に思われません。

あと、「遠回しに伝えようとする」のも、無駄な労力で終わることが多いです。

小学生にも理解できるくらい簡単な言葉で、わかりやすく、相手に伝えることがポイントですね。

その具体例を、次項でご紹介しますね！

ゲーム攻略で大事なのは、〝察してくれ〟じゃなくて、自分でちゃんと操作すること

わたしの前世は「落ち武者」!?
——「モヤモヤ」を思い切って口に出してみた!

わたしがこれまで「引っかかったこと」を思い出して書いてみます。

わたしは、背後に人に立たれると、ちょっとイライラするんですね。

あと、自分が座っている椅子の後ろを誰かが通ったときに、軽く椅子にぶつかられたりすることがありますよね。あれも、好きではありません。

竹田くんと一緒に歩いていると、人が後ろから通るときなどに、竹田くんがわたしの背中をチョンチョンとつついて、右や左などに誘導しようとしてくることが、よくあったんですね。それが、わたしが話をしている途中であったりすると、**めちゃくちゃイライラする**んですね。

しかし、そのイライラは一瞬のものなので、これまで放置していたんです。

でも、やっぱり……、

気になる！！！！！！

というわけで、思い切ってこのゲームを攻略することにしました。

攻略の仕方は、シンプルです。

「竹田くんって、ときどき背中をチョンチョンとやって、わたしの立ち位置を指図するよね。あれ、殺気立つのでやらないでほしい！　多分わたし、前世かなんかで、武士だったたんだと思う。そのとき、背後から斬られて、落ち武者になったんだと思う！　なので、今度してきたら、その瞬間に言うから、ヨロシク！」

こう伝えました。すると、竹田くんは「そんなにチョンチョンが嫌だったのか！」と驚いたようで、すんなり理解してくれました。

それから、チョンチョンはなくなりました！！！

チョンチョンゲーム、クリア！！！

「気になること」は、言葉にするとスッと消える。
なんで今まで黙っていたんだろうね（笑）

相手に伝えたいことは〝言葉で〟伝えましょう

ちなみに、竹田くんとは一緒に歩くときは手をつないで歩くのですが、竹田くんが、手をつないだ手を、少し後ろに回すときがあります。

今まで、わたしはそれをスルーしていたのですが、竹田くん的には、言いたいことがあったようで……。

「あれ（つないだ手を後ろに回すとき）は、道に人が増えてきて、縦列になりたいときだから！」

とわたしに言ってきました。

今まで、「言わなくても察してくれ！」と思っていたようで、言葉にしてわたしに言わなかったらしいです。

「言葉で言いましょう」

わたしは伝えました。

その後、わたしたち夫婦は、道を歩くとき、「縦列！　横列！」など、歩きながら、言葉で確認を取っています。

我が家は自衛隊なのか⁉

もはや、最近では、わたしは竹田くんのことを、歩いているときは「隊長」と呼ぶようになりました。

「察してほしい」ってゲーム、相手はプレイしていない可能性が高い

「いつもこのパターンに引っかかりを覚えるなあ」という人へ

それでですね（さっきまでの話の続きです）。

自分が決まって引っかかるパターンがあると、それを体験するための「役者」を、どんどん引き寄せることになります。

たとえば……

「ノーと言えないパターン」を持っている人であれば、めちゃくちゃノーと言いにくい状況と役者があなたの人生にやってきます。

「人に軽視されがちでムカついちゃうパターン」を持っている人であれば、軽視される状況と役者がやってきます。

「人にうまく説明ができなかったり、勘違いされたりして、イライラしちゃうパターン」を持っている人は、話がなかなか通じない役者が目の前に現れるでしょう。

「仕事ができない人に対して腹が立つパターン」を持っている人は、もれなく仕事ができない役者が目の前に登場します。

「いつも自分が被害者というパターン」を持っている人は、どんどん、自分が被害者的な気分になることが人生に起こります。

これって、相手にイライラするかもしれませんが、相手にとっては「いい迷惑」って話でも、ありますよね。

悩んだら、いちいち「この視点」に立ち戻る

問題への捉え方を変えましょう。

相手にイライラするんじゃなくって、**「楽しくゲームを攻略していこう！」**って考えればいいんです。

そうすれば、人を変え、品を変え、同じところで引っかかるゲームをクリアすることができますし、次からは、同じような出来事が起こっても、簡単にクリアできるようになるでしょう。

これって、次元が上がったことになるんですよね。

つまり、今までの考え方や生き方が変わり、**もっと自由で、ラクに、ワクワクする方向へシフトしちゃう**、ということ！

地球って、こういうゲームなんで！

いつものパターンに引っかからなくなると、「人生のバージョン」が勝手にアップデートされる

「自分の本心」を確かめるワーク
――コツは「決して自分を責めない」こと

ちなみに、実はイライラしているのは、相手に対してではなく、このパターンに陥ってしまう自分にイライラしているんです。

だから、自分としっかり対話をしてください。

なんだったら、自分に説教してもいいくらいです。

「本当はどうしたいんだお前は？」

「本当はこうしたいです！」

という感じで。

一人二役！

ただ、これはあくまで、自分の目を覚まさせる説教であることに注意してください。

決して自分を責めないでください。

従来と違うパターンの選択肢を、どんどんつくりましょう。
「あなたは自由自在に動ける」ということを、くれぐれも忘れないでくださいね。

選択肢を変えると、人生のシナリオが変わる

神社の鳥居でまさかの○○!?「神さまの心」をつかんでハッピーになる方法

兄と一緒に、茨城県日立市の御岩（おいわ）神社に参拝に行ったときの話です。
わたしたちは、神社に到着して、鳥居をくぐるときに一礼をしたのですが、お辞儀をした瞬間に……。

「プ〜〜〜」

兄が、まさかのオナラ！！！
兄「でも大丈夫！　神社の中じゃなくて、鳥居から外に向かって出した感じだから、これはセーフ！」
わたし「……」

というわけで、神さまにとって、めちゃくちゃ失礼な、兄の放屁から参拝がスタート！　わたしたちは、御岩山の頂上まで登拝することにしました。

片道、なんと60分！

さて、御岩神社は、アポロ14号の宇宙飛行士エドガー・ミッチェル氏が、宇宙から地球を見たときに、1箇所だけすごく光っているところがあり、その緯度と経度を調べると、御岩神社のある位置だった！　と言われて、有名になった神社です。

しかも、１８８柱もの神さまがお祀(まつ)りされています。


「神さまと○○したら、楽しそう！」


わたしは、山を登りながら、御岩神社にいらっしゃる１８８柱の神々に、こう伝えました。

「みんなで手をつなごう！」と。

これは、本当にただ何となく、みんなで手をつないで円になったら楽しいことが起こりそうだなって思ったからなんです。

するとその晩、わたしは不思議な夢を見ました。

眠っているわたしには（夢を見ていることはわかっていながら、ですが）、両手とも、本当にしっかりと、誰かと手をつないでいる感触があったんです。

そのとき、「あ〜、神さまたちが手をつないでくれたんだな〜」って確信しました。

188柱の神さまとお友達になったわたしには、きっと、これからも面白いことが起きること間違いありません。

参拝のスタートが兄のオナラだったので、どうなることかと思いましたが……。

ある意味、神社の玄関でオナラをしちゃうくらいオープンハートの兄がいたからこそ、神さまたちもオープンハートになってくれたのかもしれません。

オープンハートにした瞬間、
神さまに〝友達追加〟される仕組み

3章

「違和感」をスルーしない

わたしは違和感に対して、敏感に生きています。

違和感とは、**「しっくりきていない感」**のことです。

何事も、「しっくりくること」はうまくいっている印であって、「しっくりこない」ということは、「今のままではダメだよ！　だけど、軌道修正すると、うまくいくよ！」という印だからです。

「しっくりくるとき」は、スッキリしていて気持ちがいいのですが、「しっくりきていない」と、心の中がモヤモヤしたり、体調が悪くなったり、自分や相手に言い訳や説得が始まったりするので、すごくわかりやすいです。

違和感は、早期発見すれば「あっ、違った！」と、いかようにも軌道修正することができます。

違和感をキャッチして行動に移す。これは、早ければ早いほどいいんです。とっても簡単にまるっと解決！　さらに、違和感に感謝したくなるようないい結果になります。

しかし、最初のかすかな違和感を放っておくと、違和感卵は、どんどん大きく育っていきます。そしてついに孵化（ふか）して、〝何か〟が生まれるのです。カマキリの卵をイメージするとわかりやすいのですが、ちっちゃいカマキリがめっちゃたくさん生まれるあの感じです。パニくっちゃいますよね！

正直、ここから、何とかしようとするには、少々エネルギーを使います。しかし、何もせずに逃げるわけにはいきません。どっちにしろ、いつかは、向き合わなければならなくなることがほとんどだからです。だから、**いくら気が進まなかったとしても、「えいやっ」と重い腰を上げて対応すると、**いいんですよね。

違和感とは、未来の自分が「それヤバイよ！」って言っている声

キャメレオン竹田が「ウルトラマン」になった日

先日、友人と、東京・表参道にあるとあるカフェで、待ち合わせをしたんですね。友人が先にお店に到着していて、カフェオレちっくな飲み物を飲みながら、わたしを待ってくれていました。

しかし、わたしは……、

お店に到着するやいなや、違和感が炸裂しました！

というのも、なんと、そこは今どき珍しい、喫煙がＯＫのお店だったみたいで、タバコの匂いが店内中に漂っていたんですね。

それに気づいたわたしは、今すぐにでもこのお店から出たかったのですが、目の前の友人は、笑顔でわたしを出迎えてくれています。しかも、わたしの分の席も確保してくれていました。

そこで、わたしはいったん座って、友人と同じものを注文することにしたんですね。すぐにカフェオレが席に運ばれてきたので、わたしはそれを一口だけ飲んで、友人にこう伝えました。

「本当に申し訳ないけれど、わたし、タバコの匂いが苦手だから、このお店で呼吸をすることができない！　というわけで、ここの近くにメゾンキツネのカフェがあるから、そっちに行って待ってる。あなたは、ゆっくりしてから来て〜！！」と。

（息を止めながら、死にそうなくらい苦しい表情で）

このカフェは、お会計はテーブルごとに済ませる方式でした。なので、そこは友人に払ってもらうことをお願いし、「次のお店ではわたしが払う」ということを伝えて、忍者のように、サササッとお店を後にしました。

わたしがお店にいたのは、おそらく3分以内でしょう。

このとき、ウルトラマンの気持ちがわかったような気がします。

そして、わたしがキツネカフェに到着して、ふ〜っと一息ついていると、友人がすぐに私の目の前に登場しました。

はっ、早い!!!(笑)

友人いわく、「実は、わたしもタバコがダメだったら、キャメちゃんがお店を出た後、すぐに来た!」とのこと。

「違うこと」をしないこと

さて、その日は、2人で楽しく遊びました。そして家に帰ると、友人から「今日の気づき」的なメッセージが届きました。

そのメッセージは、おおよそこのような感じでした。

……

キャメちゃんって、自分の心にとても忠実だよね! わたしも、内心、タバコの匂いが気になっていたんだけど、「まっ、いっか……」ってなっていた。

だけど、キャメちゃんは、**自分が「嫌だ! 違う!」と思ったら、すぐに行動に移すことができるんだね。**あれを見たとき、心の底から「すごい」って思ったよ。

「ちょっとでも違う」って思ったら、ためらわず動くところが、うまくいく秘訣なんだなって思った！

・・・・・・

確かに、**わたしに「まあ……、いっか！」（内心では、我慢）からの保留、というスタンスは、あり得ません。**

というか、「違うこと」に対する、体の拒絶反応がすごいありますからね。それを教えてくれる自分の体に、まじで感謝です。

「まあ……、いっか！」を放置すると、その先には〝崖（がけ）〟が待っている

その困難、占星術の視点から読み解きます！

「違和感をスルーするのが、なぜダメなのか」

わたしの専門である占星術の視点から、このお話をします。

58ページでも触れた「土星」という天体は、「メンテナンス」という意味もあるんですね。それが、個人のホロスコープに、約7年ごとと、30年ごとに巡ってきたりするんです。これは、とても複雑かつ精緻な仕組みで、占おうと思えば、いくらでも細かく読めるのですが……。

要は、違和感を受け取っていたにもかかわらず、それを見て見ぬフリをしてきた人は、ここで大きな軌道修正を迫られる、というわけです。

人が「軌道修正を迫られるとき」というのは、大きなアクシデントが起こることが多いです。その結果、周囲から人が去ったり、何かを失ったり。時には、大病に見舞われる人もいます。

要は、今までの生き方を見直さざるを得ないようなビッグイベントが起こる、ということなのです。

違和感に〝見て見ぬフリ〟をしない

今までの生き方を見直すって、少々しんどいことですが、このとき、それを怠る（おこた）ことは、あまりオススメできません。

土星は厳しいので、無視すれば無視するほど、「ちゃんと向き合え！」って、追いかけてくるんです。そして、それは、起こるべくして起こったアクシデントなので、他人や偶然のせいにはできないんです。

一方、違和感をスルーせず、きちんとキャッチして行動に移してきた人は、どうでしょう。

土星による点検は早めに終わり、さらに、**今までの行動が実を結んで、むしろ素敵**

な結果を手に入れたりすることさえあるんです！

西洋占星術は、天体の時期を見て占っていくわけですが、星がその人の運命を100％決めるわけではない、ということが、これでもおわかりいただけるのではないでしょうか。

「日頃の違和感」をスルーしてきた人なのか、しっかりキャッチして行動してきた人なのか。ただそれだけで、まったく同じ星回りだったとしても、起ることは全然変わります。

だから、わたしたちは普段から違和感をスルーしないことが必要。こうすることで、何が起こっても、早めに軌道修正をしていくことができるんですね。

さて、わたしが、違和感を覚えて素早く対処した場合の話をしたいと思います。

違和感をキャッチして動いた人は、
未来を変えられる！

"違和感"は神さまからのギフト！ ――わたしが膣トレにハマったときの話

数年前、わたしは婦人科で、血液検査をしました。すると、なんと腎機能に関係するところの数値が、基準値を大きく超えていることがわかりました。

3ヶ月後に再検査すると、やっぱり良くありませんでした。

先生は、重々しくこう言いました。

「いよいよ、本格的に腎機能が低下しているから、専門の先生にみてもらった方がいい」

そして他にも、「子宮検診の超音波の機械を入れるときに、膣(ちつ)が萎縮(いしゅく)してきている！」と言われました。

やたら深刻な表情！　そして、わたしがどうしたらいいかと尋ねると、「年齢も年齢なのでしょうがない」というのです。

何か……、イヤ〜な感じ！
わたしは、何だか気分が重たくなりました。
つまり違和感です。
というわけで、**他の先生にすぐに聞いてみた方がいいな**と思ったんですね。

わたしの膣は○○だった!?

腎臓は内科の先生に相談したところ、「腎臓は血液の水分が足りないと、数値が悪く出る」ということを教えてもらいました。そこで、きちんと水分を取るようにしてから再検査したところ、数値は正常値になりました。

膣の方は、専門の先生に診察してもらいました。

すると、わたしの外陰部は、神経過敏症になっていることがわかりました。ガーゼで触れているだけでも、ピンセットの先で刺されているような感覚で痛みが生じていました。さらに、わたしの膣が狭すぎたようで……。

先生「こんなんじゃ、何も入らないよ！」
わたし「なんと！！！」

婦人科で内診をするときは、医師がクスコ膣鏡という器具を使って、患者さんの膣口を開いて中を診察するのですが、わたしは、これが普通のサイズでは入らず……。ＳＳＳサイズという、幅１・１センチの一番小さいものを使ったそうです。

デリケートゾーンの不調の原因は

神経過敏、萎縮。これらには、２つの原因がありました。

１つ目は、膣をあまりにも使っていなかったので、硬く小さくなっていた、ということです。

病名としては、萎縮性膣炎（老人性膣炎ともいう）です。そして、使われなければ衰（おとろ）えることを、廃用性萎縮というそうです。

確かに、筋肉ってそうですよね。膣も筋肉ですからね。

2つ目の理由は、まさかの処女膜強靭症(きょうじんしょう)というものでした。処女膜強靭症とは、生まれつき、処女膜が厚く、硬くて伸びにくく、膣口が閉塞(へいそく)気味になっているのです。ということで、こちらは、手術をすることになりました。

術後は、ダイレーターというもので、膣をトレーニングする必要がありました(手術で広げても何もしなければ、また小さくなってしまうらしいです。ピアスの穴みたいですね)。ダイレーターは、膣の中に小さいものから入れていって、左右や下に押して広げていく器具です。これは、ちょっと痛いです。

小さいものが入るようになったら、徐々にサイズを大きくしていきました。

最初は、看護師さんにやってもらいました。

「頑張れ! 頑張れ! 痛いですよね〜!」と声をかけてくれる看護師さんと、ダイレーターを入れて左、右、下、とそれぞれ30秒くらい結構強い力で押す(引っ張る?)係の看護師さんの、なんと二人がかり!

しかも、わたしは出産したことはないけれど、これを出産するときの格好(分娩(ぶんべん)台の上で大きく股（また）を広げる）でやるのです。

息を吐きながらやらないと緊張して痛くなるので、ふ～っと息を深く吐きながら行っていました。

つまり……、結構、大掛かりな雰囲気！


慣れてきたら、自分一人でできるようになります。そこでわたしは自宅で、着々と自己トレーニングに励みました。で、実は、診察してもらってから、手術をするまでに2週間ほど時間があったので、「そ～いえば、最近、くしゃみで尿漏れとか、たま～にあるよな!?」とか思い出して……、

「骨盤底筋を鍛えたい！」って思ったんですね。

いろいろなやり方がありますが、最初は、膣トレボールというのを買ってみました。

それは3個セットで売っていました。

やり方としては、一番大きくて軽いものから入れて、慣れてきたら、最後に一番小さくて重いものを入れるという感じで、骨盤底筋を鍛えていくのですが……。

最初、わたしは、一番小さいボールしか入らなかったのです!!!

こちらも、手術してダイレーターでトレーニングすることで、徐々に、大きいボールを入れることができるようになりました（中くらいのサイズのものを、無理やり押し込んでみたことがありましたが、そうすると出すときに、めちゃくちゃ痛いので危険でした！）。

この、ボールを使ったトレーニングは、ちょっとやってみただけで、すぐにやめてしまいました（今はしていません）。骨盤底リハビリの先生に教わった方法をしていたり、あとは、座っているだけで骨盤底筋が鍛えられるエムセラという椅子に座り行っています。ラクちん！

今から鍛えておけば、加齢と共に発生しやすくなるという骨盤臓器脱（子宮や膀胱、直腸などの骨盤臓器が下垂して、膣から脱出する現象のこと）や、尿漏れ対策にもなります。

原因がわかれば、対処ができる！

処女膜強靭症に話を戻します。

今までわたしは、性交痛を感じても、まるで靴のように、単にサイズが合わないんだなとしか思っていなかったんですね。だから、違和感を我慢して、スルーしていました（今、考えると、子宮頸がん検診など、超音波の機械を入れるときに痛くて苦痛だったのですが……）。

それが、原因がわかって対策を取れるようになった今、気分はスッキリ爽快！ めっちゃ気持ちが軽くなってラクちんです。

処女膜強靭症ではなくても、性交痛で悩んでいる方はたくさんいると思います。一人で悩まずに、泌尿器科や婦人科の先生に相談してみると、いいかもしれません。

子宮頸がん検診のときの内診も、今では痛くなくなりました。

これは、年齢も関係はないと思います。先生曰く、先日、80代の女性の患者さんが、萎縮性膣炎で困っていて、手術をしたそうです。その後、夫婦生活が充実し、感謝のご連絡があったそうです。

あとですね、閉経に伴う、膣と外陰の萎縮変化、およびそれに伴う不快な身体症状をGSM（閉経関連尿路性器症候群）というのですが、ゆらぎ世代以上の半数以上の女性が影響されているそうです。

わたしは今や、顔のお肌のスキンケアと一緒の感覚で、膣や外陰のフェムゾーンも、お手入れしていますね。

具体的に何をしているかというと、毎日、お風呂上がりに、オイルで保湿するのです。そして、人差し指の第二関節くらいまで膣に入れて、どこかに痛みなどの違和感がないかどうかをチェックしています。

これらを知れて、よかった〜!!!

ただ、気にしているだけだったら、その無駄な時間で心が消耗するだけで、何も解決しなかったでしょう。

どんなことも、いくらでも方法が見つかる時代に、わたしたちは生きている!

すべてのトラブルは〝ギリギリショッピング〟!?　困難が困難に思えなくなる話

ここでは、目に見えない世界の、ちょっと不思議な話をします。信じるか信じないかは、あなた次第です。ですが、**この視点を持っているだけで、たとえ大きな困難に遭遇しても生きるのがグッとラクになります**ので、個人的にオススメです。

先ほど、人生に頻出するパターンの話をしましたが、なんとこのパターンは、わたしたちが生まれる前に、ギリギリショップ（ギリギリのところで乗り越えられる困難を選ぶお店）で仕入れて、この世に持ってきたものなのです。

よく経験するパターンこそ、実は、あなたのとってもお気に入りのものなんです。この地球上でいろんな経験をしたいので、わたしたちはいろんなパターンを仕入れて、この世にやってきました。

でも、これらは、人生の「オプション」（オマケ）みたいなものなんです。

わたしたち人類は、このオプションのパターン以外にも、地球でしかできない「すごい困難」を経験したいので、それを3個、生まれる前に仕入れてきます。

これを「人生の3大困難」といいます。人によっては、欲張りで、4個とか、5個の人もいるかもしれません。そういう人は、ドMの達人です！

その人の〝生き方が転換するくらい〟の変革期

その3個に、いつ遭遇するかというと……。

その人にとって、めっちゃベストなタイミングのスケジュールが組まれています。

20代だったら乗り越えられない困難であっても、40代なら乗り越えられるものであれば、40代に困難が発生するように、人生がスケジューリングされます。

その人にとって、ギリギリで乗り越えられるレベルの困難になっています。

困難ですから、苦しいのは苦しいのですが、ギリギリでクリアできる絶妙なレベル設定になっているので、安心して乗り越えましょう。

これこそ、人生の醍醐味（だいごみ）でもありますからね。**困難に遭遇したときって、魂的にはレベルアップを図れるので、実はあなたの魂は喜んでいる**のです。

ギリギリショップの、大人気のラインナップを、大きなカテゴリで分ければ、「お金」「人間関係」「健康問題」といったことが多いでしょう。

3つとも「お金」を選ぶ人もいるし、組み合わせは自由になっています。全部に「人間関係」をMIXしたりと、自分流にアレンジしている人が多いですけどね。

3大困難以外の細かいパターンは、ギリギリとかではないので、ドラマ『渡る世間は鬼ばかり』のテーマ曲などを流しながら、気楽に、楽しくクリアしていきましょう。

たとえ同じ困難でも、人によって難易度は異なる

あとですね、同じようなことを経験しても、人によって、ギリギリに感じる人もいれば、そこまでギリギリに感じない人もいるでしょう。

ポイントは「自分にとってのギリギリ」です。


で、ここで、**大事になってくるのが違和感**なんですよね〜！！！

なんか違うぞ！　おかしいぞ！　しっくりこないぞ！　という「違和感」を察知することで、３大困難の深刻度を、抑えることができるんです。

当初、予定していた深刻度がＭＡＸ10だったとすると、深刻度４〜５くらいのレベルのところで、早めにクリア、つまり返品することができちゃうんですよね〜！

これって、すごくないですか！


この本を読んでいるみなさま、おめでとうございます！

ようこそ、簡単な世界へ！


違和感を察知して行動すると、「困難」は返品可能！

めちゃくちゃつらいときはどうするか？「苦しみ」に即効く、3つの処方箋

わたしが「めちゃくちゃつらかったときどうしたか」のベスト3を発表します。

1位　人に会う
2位　仕事をする
3位　歩く

……ですね（他にも方法があるっちゃありますが、それは235ページのQ8へ！）。

【人に会う】

人と会話をすることで救われました！　自分の話をするだけでなく、人の話をひたすら聞くだけ、あるいは人と一緒に過ごすだけでも癒されました。

【仕事をする】

ひたすら仕事をしました！　仕事をしているだけで無になれました。特に、単純作業の仕事が、なかなかいいです！


【歩く】

ひたすら歩きました！　何キロでも歩きます。じっとしているよりも、歩いている方がラクになれました。


めちゃくちゃ苦しいのは〝自分がいる〟から

めちゃくちゃ苦しんでいるときって、自分に集中しすぎているんです。

「あ〜してほしい」のも「こ〜してほしい」のも……、「なんで!?」「どうして!?」と思うのも……。

自分がいるからですよね。

そんなときは、**自分をなくすために用事をつくればいいんです。**

自分がいるから、過去や未来に意識が浮遊してしまうんです。

「自分がなくなる」ということは、つまり、「今ここにいる」ができるようになる、ということ。

「今ここ」には、幸せしかありません。

じゃあ、自分をなくすにはどうすればいいかといいますと、忙しくするんです。

「忙しい」という漢字は、「心を亡くす」と書きますよね。

つまり、自分が亡くなります。

なので、忙しかったら何でもいいっちゃ何でもいいんです。

しばらく「自分に戻らない努力」をしましょう。

またすぐに戻ってきちゃったとしても、それは許してあげましょう！

仕事を忙しくするもよし、

人に会うのもよし、

体を動かすもよし、
手先を動かすのもよし、
兎(と)にも角(かく)にも、苦しみの方向に意識が向かわないように、忙しくするのです。
苦しみの脳内回路は、実は快楽と同じで、クセになりがちなんです。なので、**そのクセから脱出する時間をだんだんと増やしていく**のです。

「快楽」と「苦しみ」は、実はワンセット

快楽って、苦しみがセットになっています。

だって、快楽って一瞬で、それが終わると禁断症状が出ます。そしてまた、快楽を求めていくのです。

「もっともっと」の人生になりたくないですよね。それによって人は成長もしますが、それによって支配されてしまう場合は、本末転倒です。

お金がたくさんあっても、もっともっと稼がなくちゃ。

欲しいものをゲットしても、もっともっと欲しい。

愛を得ても、もっともっと愛してほしい。


「喉から手が出る」とはこのことです。

こうなると、もはや蟻(あり)地獄です。

「苦しみ」という禁断症状から抜け出すために

さて、話を戻しますと、苦しみって、浸りたいですよね。とことん。

考えても仕方がない問題であっても、それをわかっていたとしても、ついつい、浸っちゃいます。

いったん、浸って苦しみ尽くしても、しばらくすると、またそこに浸り出します。

まあ、何度も思い出して、もがき苦しんでもいいのですが……。

さすがに、それ自体がどうしようもなく苦しくて、それから解放されたい場合は、忙しくするしかありません。
忙しくさえしていれば、徐々にではありますが、禁断症状が抜けていくのです。

苦しみは、ヒマなときに膨らむ。忙しく動けば、心は救われる

「出さない手紙」を書く――モヤモヤを〝強制終了〟させる方法

脳って「出し切っちゃう」と終わっちゃいますからね。

映画をしっかり観終わるのと一緒です！　中途半端で一時停止をしたままだと、続きが気になって終わりません。

「あのとき、なんであ～なったんだろう」とか、「あのとき、あの人はどういう気持ちだったんだろう」など、妄想が膨らんじゃいますもんね。

中途半端な状態は、わたしたちを支配します。だから、完全に終わらせることがポイントなんですよね。

でも、もし、かなり過去の出来事で引きずっていたり、あまり会わない人に関してのモヤモヤを抱き続けていたりするような場合は、どうすればいいでしょうか？

こんな場合は、直接本人に言わなくっても大丈夫です。

「○○さんの件」などと題名をつけたデータや紙を用意します。そして、**言いたいことをそこにすべて書き出せばいい**のです。


ある意味、「出さない手紙」みたいなものです。

ワードでも手書きでも何でもいい。

とにかく、空っぽになるまで「自分の言いたいこと」を書き出すと、繰り返し思い出すことはなくなりますよ。

つまり、終わるんです！

〝張本人〟こそが最高のカウンセラー

みんなが頭を悩ませる「毒親問題」。さて、どう考える？

わたしの友人は、子供のときに、両親から虐待を受けていました。

小学5年生のとき、母親に「給食費が欲しい」と言ったら、硬いコンセントでムチのように叩かれ、痛みのあまり目がチカチカしたそうです。

命の危険を感じた友人は、「このままでは、自分の人生が終わるのではないか？」と察し、何も持たずに逃げました！

逃げる友人の背中に、母親はランドセルとお財布を投げつけ、

「もう二度と帰ってくるな！　この金食い虫！」

と言い放ったのだそうです。

幸いなことに、その後、親切な隣人が彼女を保護してくれて、友人はそのまま児童養護施設で育ちました。

わたしはこの話を聞いて、とても感心しました。

10歳でこの決断ができることが、すごいですよね！

友人は、「虐待」という3大困難の1つを、ここで早めにクリアしたわけです。

成長した友人は、その後、キャビンアテンダントになり、幸せな結婚をしました。彼女の父はもう他界しましたが、母親とは和解し、今、とても円満な関係になっているそうです。

「許せない」という気持ちの取り扱い方について

このエピソードを聞いて、「えー!? 子供の頃、自分を虐待していたお母さんを許せるの!?」って驚いた方もいるかもしれません。

ちょっとここで、この話もしておきますね。

それは、**「許せない」という気持ちの扱い方**について、です。

「許せないこと」って、誰しもいくつかあるんじゃないでしょうか。

そんなときは、リアル、または、心の中で、相手や自分を責めていますよね。

それが、たとえものすごく昔のことであっても、「許せない」とか、あるいは、「恥ずかしくて思い出すとつらい」とか。

みんな、それぞれあると思います。


でもね、それ、「許されている」んです。

もう、手放していいんですよ！


わたしが、そう断言するその理由は……。

わたしたちがこの世界で体験することは、あらかじめ決めてきているからです。

つまり、完全にすべてを許可して、そして、生まれてきたのです。

そして、嫌なことを「する側」と「される側」のキャスティングも、セリフ合わせも、ある程度、決まっています。

ただ、わたしたちは生まれるとき、この約束を、全部忘れることになっているんですね。

忘れていた「愛」について思い出そう

もちろん、これは見えない世界の不思議な話。信じるか信じないかは、あなた次第ではあります。

ぜひ、この本をキッカケに思い出しちゃいましょう。

思い出さなくとも、「そういうことだったのか！」と、頭の片隅に置いておくだけでもいいでしょう。

起こっていることは、すべて許してから、生まれてきたのです。

だから、いくら「許せない！」とあなたが怒ったところで、許されているのです。相手のことも、自分自身のことも。

ぜ〜んぶ、愛だったんですよね！　これを知れば、どんどん、張りつめていた心がゆるんで、ラクちんになっていきますよね！

起こることはすべて愛、気づいた人からラクになる

4章

「ピンッ！」ときたら、即動く

「ピンッ！」とくる感覚を、何より大事にする

前章で「違和感をスルーしない」ということについてお話ししてきました。この章では、そこから一歩進んで「ピンッ！」とくる感覚を大事にしよう、というお話をします。

わたしは、人、モノ、コト、すべてにおいて、「ピンッ！」とくるかどうかで決めています。これが、すべてなんですね。

どこからともなく、すべては電波を発しています。それを敏感にキャッチできるかどうかがポイントです。

ある日、道を歩いていたときのことです。とあるショップの前を一瞬、通り過ぎたのですが、わたしの無意識の領域で、ショップの奥の棚の上にあるバッグが「ピンッ！」

ときたのです。

わたしはそのまま、ムーンウォークをしてショップの前に戻りました。そして、お店の中に突入してそのまま突き進み、そのバッグを指差して、店員さんに向かって、「これください!」と言いました。

ここまで、バッグを発見して10秒足らずでしょう。

わたしは、「ピンッ!」ときてしまうと、迷いがゼロになります。まっすぐに、最速で、「ピンッ!」ときたものを選びます。そして、その選択を後悔したことは、一度もありません（反対に、「ピンッ!」とこないものについては、普通に迷います）。思えば、竹田くんと結婚したときも、フレンチブルドッグのシェフくん、マスターくんを迎えたときも「ピンッ!」でしたね。

口コミとか、評判とか……「他人目線」を気にしない

よく一緒に街を散歩したり、ショッピングに行ったりする友人は、わたしのことをこう言います。

「キャメちゃんは、しっくりくるものを見つけるのが、すごく早い！　悩んだり、選んだりせず、直線で、一発で見つける！　普通なら、失敗したくないから、購入する前に口コミを見たり、評判を調べたり、人からどう見られるかを気にしたりするよ。キャメちゃんは、そういう**他人目線が一切ない**んだよね。

それからいつも思うけど、キャメちゃんは、普通の人が手を出せないようなインパクトあるアイテムを取り入れるのが、すごいうまい。そして、キャメちゃんが『コレ！』と思うものは、いつの間にか、キャメちゃんの世界観になっていくよね。

家もトイレも小物も……、全部、キャメワールドの一員になっている！」

「ピンッ！」が自分の世界観を創る

そうです、わたしの四方八方、好きなもの以外は存在しません。

逆に言うと、わたしが好きでないものは、うちには決して入れません！　ある意味、玄関の前で「ブーッ！」と音が鳴って、弾かれて落っこちます。

その〝ひらめき〟には意味がある

わたしは、友人と遊ぶときに、前もって約束をしないことが多いんです。なぜなら、そのときの気分を一番大事にしているからです。

いつも友人をランチやお茶に誘うときは、その友人の顔が頭に浮かんだときです。思い浮かんだときに、「あっ、話がしたいな!」と思うんですね。

そして、わたしは、友人に、「今日ランチかお茶しない⁉」と連絡をするのです。

すると、ほぼ100%で、

「ちょうど、キャメちゃんと話がしたいと思っていた!」

「ちょうど、キャメちゃんのことを考えていた!」

「きのう、キャメちゃんが夢に出てきたんだ!」

といった返答が来ます。

この逆もあります。

友人のことが思い浮かぶと、その友人から、「今日、遊びに行ってもいい⁉」などと連絡が来ます。

これは、どちらかが思い浮かんだ瞬間に、どちらかの脳へ電波が届くのだと思います。つまり、これってテレパシーですよね！

そして、**そういうときに友人に会うと、そのときに重要なメッセージを受け取ったり、新しい発見があったりと、「会ってよかった〜」って結果になることが多い**んですね。

思考と行動を一致させる「すごい効果」

何かに我慢したり、抵抗したりせず、自然の流れに沿って生きると、テレパシーが使えるようになります。

人も、仕事も、情報も、タイミングよく生きることができます。

つまり、運をつかめるようになっていきます。

テレパシーでつながったのが友人の場合は、その友人に連絡したり会ったりしますが、人ではないものとテレパシーでつながることがあります。

仕事のアイデアが「ピコーン」ときたときには、すぐにメモりますし、情報が「ピコーン」ときたときには、すぐにそれをググります。

「そのとき」が肝心です!

少しでも時間を置くと、ひらめきって流れて消えてしまいますからね。

テレパシーを受け取ったら、すかさず行動すると、次の道が開ける

「欲しいもの」が、向こうから追いかけてくるようになるヒント

日頃から、自分の心に忠実に生きていると、なぜだかわからないけれど、タイミングがどんどんバッチリになっていきます。

タイミングバッチリなことはわたしの日常で多発していますが、そのうちのいくつかをご紹介しましょう。

・秒で水を手に入れた話

友人と表参道でショッピングをしているときのことです。真夏だったので、いろいろ見て歩いているうちに、喉が渇いたんですね。で、とあるお店の前で（そのお店は休みだったのですが）、一瞬だけガラス越しに中を覗いてみて、可愛い服がないかチェックしました。

そのとき、わたしは、何気なく「あ〜、喉渇いた〜!」と一言、つぶやいたんです。

すると、なんということでしょう。

その瞬間に、お店の人が2本のペットボトルを持ってお店から出てきました。そして、「暑いのでどうぞ!」と、その水をわたしたちにくれたのです!

なんと! 秒で水を手に入れました。


これって、一番すごいのは、わたしは「水が飲みたい」と思った後に、その言葉を口にしたわけなのですが、「水が飲みたい」と思った瞬間に、お店の人は水を持ってくる準備をしていたということです。

でないと、言葉を発すると同時に水が渡されるわけがありません(笑)。

・ハーフデニムを引き寄せるまでは、たった10分!
友人とこれまた表参道をプラプラ散歩していたときの話です。

横断歩道で信号が青になるのを待っていると、ちょうどそこにタクシーが止まり、中からおしゃれな外国人のファミリーが降りてきたんですね。

で、そのファミリーの奥さんは、膝が隠れるくらいの長さのデニムハーフパンツを履いて、足元には赤いサンダルを合わせていました。

わたしはそれを目にした瞬間、「可愛い～！　あ～ゆ～の欲しいな～！」って思ったんですね。友人も、まさに同じことを思っていたみたいで、わたしに「あのデニム、可愛いね！」と言いました。

わたしは、そのデニムの映像を、頭の中に一瞬でスキャンして取り込んでしまった感じでした。

で、その後、ふらっ～っと、とあるショップに入ったんです。

さ～っと店内を見ていると……

！！！

ハーフデニムが売っていたのです。しかも、先ほどの外国人女性が履いていたものと、まったく同じ感じのものが！！！

「こっ、これは！」と思って、友人に報告し、わたしたちはそのデニムを交替で試着しました。なんとサイズもぴったりで、2人ともバッチリ気に入りました。

お店の人にこのデニムの在庫を聞くと、その店舗には、この1点だけしかなかったのです。しかし、他の店舗にも確認してもらったところ、福岡にあと1点だけあることがわかりました。

そうなのです、全国に、友人とわたしのために合計2点だけ存在していたのです。よって、そのお店のデニムは友人が買って帰りました。わたしは、代金を前払いして、商品を福岡から家に配送してもらいました。

道端でデニムを見て、手に入れるまで、10分前後でしたね。

・ジュエリーを選んでいるようで、ジュエリーから選ばれている!?

わたしは、ヴァンクリーフ&アーペルのジュエリーが好きなのですが、人気の商品は、なかなか在庫がなかったりするんですね。在庫がないと数ヶ月待ちだったり、受注生産だったりで、次いつ、欲しい商品が入荷されるかは未定で、店員さんにもわからなかったりするんです。

わたしは、欲しいネックレスがあったので、まず、お店に電話をして在庫を確認することにしました。

案の定、ありませんでした。でも、他の商品も見てみようと、来店の予約をしたんですね。

すると、その来店の当日、なんと、そのわたしが欲しいと思っていたネックレスが、偶然、入荷したのです！ しかも、わたしが来店予約した、まさにその店舗に！

繰り返しますが、人気の商品は、いつ、何が入荷するかは、店員さんにもわからないんです。

この偶然には、「スムーズすぎる！」と店員さんは驚いていました。**何度お店にやってきても、手に入らない人は入らない**そうなんですね。担当の店員さんも驚いていましたし、さらに、その方が他の店員さんにもこのことを話したところ、みんなびっくりしていたそうです。

他にもこんなことがありました。

・空を飛んでやってきたケーキ

以前、わたしはフランス・パリのとあるホテルで、ものすごく美味しいケーキに出会ったんですね。

それはレモンケーキで、見た目はレモンそのものなのですが、食べるといろんな要素がマリアージュされていて、何ともいえない、新しくて美味しいケーキでした。

とても気に入ったわたしは、これまでに2回パリに行って、2回ともお店でそのレモンケーキを食べました。

「これを食べたくなったら、またパリに行かないとな！」

なんて思っていたら、自宅の近所に、新しくケーキ屋さんができたんですね！　犬の散歩ついでに、お店を覗いてみると……、

「あれ、このケーキ、どこかで見たことがある！」

わたしにデジャブが起こりました。

そう、「あの、パリで食べたケーキ」に似ている！　すかさず買って帰って食べたところ、同じ味ではないですか！

すごい、美味しい！

びっくりして、いろいろ検索して調べてみると、理由がわかりました。

以前、わたしが食べたパリのホテルのパティシエの中に日本人がいて、その方は、日本に帰国して、自分のお店をオープンさせました。

それが、まさにわたしの近所だったというわけなのです！！！

すごくないですか⁉

最近、わたしは、もはや、**自分にとって理想の状況やモノを見たときには、「見ちゃったということは、わたしも〝そうなる〟ってことだよね～！」と確信しています。**

自分に対して素直に生きていると、すごい引力が働く

チャンスは「すぐ動く人」のところに転がってくる

わたしの友人で、よくチャンスをつかむ強運な人がいまして、その人の話をしたいと思います。

以前、大阪の友人がサウナ付きの別荘を建てたというので、そこに友人たちみんなで泊まりにいったんですね。その日の夜は、みんなで庭でバーベキューをして楽しみました。

で、次の日になり、「今日どうする?」という話になりました。すると、「チケットがあるので、USJに行こう!」という話になったんですね。で、チケットがあと1人分あるな〜ということで、「誰か誘おう!」という話になりました。

そこで、友人は、まさかの福岡にいる友人に、「今日、来ない?」と聞いてみることにしたんですね。

すると、その福岡の友人は、なんと「行く！」と即答。

その返事をしたとき、彼女はちょうど博多駅にいたみたいで、**すぐにその足で新幹線に乗ってやってきました。**

「バーキンにビーサン」は強運の証⁉（笑）

わたしたちは、新大阪駅まで彼女を迎えにいって、そのままみんなでＵＳＪへ向かおう！　ということになりました。

新大阪駅で友人を出迎えたわたしたちは、仰天。

彼女は、なんとバーキンを片手にピンヒールを履いて、華麗に登場！

ピンヒールを見たわたしが、「その靴でＵＳＪだと、足が疲れるよ！」と言ったら、なんと、バーキンの中からビーサンを出してきました。

フットワークの軽さといい、常にビーサンを持参していることといい……。

最強です！！！

で、その福岡の友人は、「次の日は用事がある」とのことで、ＵＳＪの後、長居はせず、別荘に1泊し、わたしが朝起きたら、もういませんでした。

すごい行動力ですよね！

その人は、他にもすごいエピソードをたくさん持っていて……。たとえば、なんと、島を譲り受けたりだとか……（島ですよ、島！！！）。

普通だったらあり得ないような「すごいチャンス」を、たくさん得ているんですね。

この友人の強運の理由の一つは、このフットワークの軽さと身軽さにあるのではないか、とわたしはにらんでいます！！！！

「すぐ動く人」がすごい未来をつかむ

行動するから、準備ができる

はっきり言って、この人生は、やったもん勝ちです。なぜかって、行動する人って、圧倒的に少ないからです。

「有言実行」って紙に書いて壁に貼(は)っている人もいますが、そういう人に限って実行しませんよね（笑）。

で、この世界は、行動する人が、ごぼう抜きできるのです！

もちろん、失敗はするかもしれませんが、そこで学び、また行動していくので、行動しない人よりも、どんどん先に行くことができます。

人って、変化に対する恐れを持っていますからね。引っ越し、転職、結婚、離婚、出産、大きくなった子供が家から出て行った……などで、いちいちストレスが生じたりしますしね。

　もちろん、わたしたちが母親のお腹から生まれてくることも、ストレスでしょうね。赤ちゃんとしてこの世に出てきたときは、皆さん、もれなく号泣していますからね。赤ちゃんが上げる産声（うぶごえ）は、「まだ、お腹の中にいたかったのに〜!」っていう泣き声だとわたしは思っています。

　わたしの知り合いで、母親の胎内（たいない）にいたときから、出産を経て外に出てくるまでを、詳細に覚えているという人がいます。

　その人は、本当に母親のお腹から出たくなかったみたいで、産道から外の景色が見えても、歯を食いしばって、お腹の中に居座ろうと頑張ったらしいです。でも、産道の穴の向こうから看護師さんの顔が見えて、その人にグイッと外に引っ張られたので、イヤイヤ出てきてしまったそうです。

「あれは本当にイヤだった」と、すごくイヤそうに語っていました。

結局、「素直な人」が最強!

　さて、話を戻します。

行動すれば、もう勝者なんですよね。

なので、**何でもいいから行動しちゃえばいいんです。**

準備してから行動してもいいのですが、行動しながら準備をしてもいいですし、行動した後に考えてもいいのではないかと思います。


あとですね、素直な人って、すぐに行動しますね。

素直な人は最強かもしれません。


もちろん、「ピンときたこと」や、「これだ！」と思ったことを行動に移そうという話であって、あなたが乗り気じゃないことは、行動しない方がいいでしょう。

「楽しそう！」という直感が働くかどうかが、行動を起こすときのがポイントです。

「楽しそう！」が神的直感

誰かや何かに依存しない――わたしの中の「時限爆弾」が教えてくれること

わたしの中には、**「時限爆弾」**というものがあります。そして、それはとても正確に時を刻んでいます。その時限爆弾というものは、その名の通り、その時期が来ると、自動的に爆発します。

これがどういうことか具体的にイメージしていただくために、過去のエピソードをご紹介しますね。

わたしは、何年か前まで公式LINEで、見る人の心が軽くなるようなメッセージやらアドバイスやらを、いろいろ発信していました。

フォロワーはどんどん増えていきました。ちょっと正確な人数は忘れてしまったのですが、最終的には、何万人かになっていました。

で、あるとき、時限爆弾の爆破予告が自分の中で聞こえてきたのです。

「もうそろそろ、終了〜!」って。

この予告がやってくると、それがとてもうまくいっていたとしても、やめたくなります。やめたくてやめたくて、いてもたってもいられなくなるんですね。

コツコツ積み上げてきたフォロワー数よりも大事なこと

わたしはこの公式LINEを、公式LINEをやっている人があまりいない時代に始めたんですね。なので、まだ無料だったんです(今は、公式LINEで発信するのは有料です)。

で、その当時、今度は、YouTubeの流行がやってくる頃、または、やってきているというフェーズが、訪れていたんですね。

これはつまり、まだ、みんなやり始めたり、やるのに迷っていたりする時期のことです。この段階ではまだ、参入してくる人は、全然少ないです。

つまり……、**チャンスだということ**です。

これは「公式ＬＩＮＥをやめて、ＹｏｕＴｕｂｅにシフトせよ！」という神さまからのお告げだとわたしは悟りました。そこで、「これからはＹｏｕＴｕｂｅの方で！」とだけ発信して、**サクッと公式ＬＩＮＥのアカウントを削除しました。**

実はこのとき、ＬＩＮＥの運営側の人から、「もったいないですよ！　アカウントだけでも残しておきませんか？」とアドバイスをいただいたのですが、それもお断りしました。

なぜかというと……。

ちょっと前までのビジネスでは、「顧客リストがすべて」といわれていました。公式ＬＩＮＥで発信すれば、その発信は登録している人すべてに届きます。ですので、これが顧客リストみたいなものですね（だから、ＬＩＮＥの運営の人は「もったいない」とわたしに言ったわけです）。

しかし、わたしは「もう、いい」って判断しました。

なぜかというと、今の時代って、「顧客リストがすべて」という時代では、もうないんですよね。**人は人につきますからね。**

本当に気に入ってくれていれば、わたしがどこに行こうと、みんな検索して探し出してくれるのです。

何かに依存する必要はないのです。

むしろ、その依存が足かせになったりします。井戸の中の蛙（かわず）で満足してしまう、的な感じでしょうかね。

人生に「豊かさ」を呼び込むコツ

もちろん、「どっちもやったらいいじゃん、問題ないじゃん！」という人もいると思います。

それもわかりますが、あくまでわたしの場合はですが、これは避けたい方法なのです。なぜかというと、**エネルギーが分散してしまうから**です（組み合わせによっては分散しないものもあります）。

わたしは「どっちもやる！」ではない方が、うまくいくタイプなんです。

ちなみに、わたしはユーチューバーになったつもりではないのですが、YouTubeの発信を始めたことにより、ビジネスは俄然（がぜん）、シンプルかつスムーズになりました。

わたしの時限爆弾はとても優秀です！

仕事と人事だけでなく、人生のあらゆることを、いてもたってもいられなくなって「ポチッ！」と切り替えています。

そして、**その後は、必ず、と〜〜〜ってもスッキリとした気分になり、軽〜くなって、しかも、それまで以上に、人生が豊かになっていく**のです。

これは、ロケットが、不要となった機体を一つひとつ切り離して、身軽になることで速度を上げていく仕組みに、とてもよく似ています。

いてもたってもいられないと思ったら「ポチッ！」でＯＫ。
一瞬で世界が変わっていく！

イタリア人、全員「ルー大柴」説!?
「ピンッ」ときた土地に行ってみて思ったこと

わたしはふと思い立ったときに、海外に行きたくなることがあります。というわけで、この前、南イタリアとシチリアに行ってきました。

わたしは外国語が話せないので、ガイドさんが同行してくれるツアーに申し込んだんですね。ツアーの内容は同じでも、飛行機はエコノミーかビジネスクラスかを選べるので、わたしはビジネスクラスの方を選びました。

でも、「イタリアに行こう！」と思い立ったのが、ツアーの1ヶ月前くらいだったので、飛行機の席が確保できるかどうかは、微妙でした。

「まあ、いけるだろう！」と気楽な気持ちで過ごしていたのですが、ある日、急に、新宿区にある於岩稲荷田宮（おいわいなりたみや）神社に参拝に行きたくなったんですね（ちなみに、わたしの趣味は神社参拝です）。

神社に着いた途端にスマホが鳴り、旅行会社から「飛行機の座席が確保できた」という連絡が来ました！

これはきっと……、

「イタリアに行くといいよ！」と神さまからの後押し！！！

そう、わたしは解釈しました。

ちょうどその日は、縁起がいいとされる一粒万倍日（いちりゅうまんばいび）と天赦日（てんしゃにち）、そして寅（とら）の日という最強の開運日でしたから、飛行機の座席が確保できた感謝も込めて、お賽銭（さいせん）に1万円札を入れさせていただきました。

人生を楽しむイタリア人、ルールを守る日本人!?

で、当日、イタリアン航空に乗ったのですが、乗ってびっくり！

乗客がみんな、ワイングラスを片手に、立ち飲みをしているではありませんか！（ビジネスクラスは、一つひとつ座席が分かれています）。

みんな、飛行機が動き出すギリギリまで、友人や家族とワインを飲んで、和気藹々と会話を楽しんでいました。

それを見て、

「この自由な雰囲気、好きだな～」


って思いました。

日本人と日本の航空会社の飛行機なら、こういうとき、みんなきっちり着席しちゃいそうですよね。

ちなみに、機体はとても新しく、空の旅は、すごく快適でしたね。

「自分にしっくりくる土地」に触れる、すごい効果

国民性の違いではありますが、イタリアはスーパーのレジ打ちの人も、おしゃべりしながらなど、とってもマイペースで、どんなに人が並んでいても、気にしません。

また、ホテルの受付の人なども、みんなタレントのルー大柴さんのようなノリの人でした。効率の良さを好む日本人に対して、彼らはいちいちトークにギャグを盛り込んでくるので、日本人の添乗員の方が、「全然話が先に進まなくて、チェックインでき

ない！」と若干イライラしていました。

レストランでパスタをよそってくれたスタッフの人は、わたしのお皿によそうフリをするだけで、実際はよそっていなく！　わたしのツッコミ待ちだったりして、お互いに目が合って爆笑したりと、イタリアで過ごした時間は、とても幸せでした。

話によると、北イタリアの人と南イタリアの人で、ガラッと雰囲気が違うらしいです。

北イタリアの人は、心配性であったり、恥ずかしがり屋の人が多いそうです。

南イタリアの人は、笑ったり、ふざけたりするのが好きな人が多いそうです。

「わたし、南イタリアの人、合うな〜」って思いました。

気になる国というのは、やっぱり何かしらご縁があるのだと思います。前世、そこで暮らしていたのかもしれませんね。

あなたも、「ピンッ！」とくる国や土地があったら、実際に遊びに行っちゃったらいいと思います。

部屋で「外国」を楽しむ手もある！

わたしは基本思い立ったらすぐ出かけちゃいますが、そうはいかないこともありますよね。特に、外国はそうです。

この問題をクリアするために、わたしは、最近、すごくいいアイテムをゲットしました！

壁際に置くだけで、最大150インチの大画面＆明るい環境でも高品質な映像を楽しめる、超短焦点プロジェクターです。これを、我が家のリビングに導入したのです。素敵なラグもセットで。

行きたい場所の映像をリビングの壁に映しておくことで、常に地球のどこにでもワープ気分を味わっています。

行きたいところに行くと、人生が広がる！

タロットも、あなたの背中を押してます

タロット占い師として、こんな相談を受けたことがあります。

「Pさん（相談者が気になる人）と1ヶ月以内に会えますか？」

早速、タロットカードを引いてみると「ワンドのペイジ」という人物カードが出ました。

そこで、わたしはこう答えました。

「こちらからの一押しができるなら、会えるかもね〜！」と。

相談者から、「どうしてそう読めるのか？」と聞かれたのですが……。

このとき、わたしたちは、自分が作った、キャメレオン竹田オリジナルのタロットカードを使っていました。だから、「ワンドのペイジ」のカードには、火が灯(とも)ったロー

ソクの絵が描かれていたのです。

これを踏まえて、わたしは、こう答えました。

「タロットで占うときは、出たカードの意味だけではなく、カードに描かれている絵から得たインスピレーションも使います。

今、わたしが引いたカードには、ローソクが描かれていますよね。**ローソクに火を灯すには、マッチを使うなど、着火するための行動が必要。**

なので、あなたの〝一押し〟の行動が必要、と読めるんです！」

こう答えたら、相談者の方はとても納得した顔をしていましたね。

このように、日常的に、タロットカードはめっちゃ使えます。そして、タロットカードは「自分自身も行動をしよう！」と教えて背中を押してくれるのです。

未来を動かすのは「自分の行動」

5章

どんどん身軽にしていく

モノに縛られない話

わたしは、モノを増やしたくないのです。**モノが増えて、選択肢がありすぎると、迷うことがストレスになるからです。**

ちなみに、**「モノを増やすこと」と「モノを減らすこと」は同じ行為**だったりします。なぜかというと、モノを増やすために、お金を減らしているからです。

なので、買い物が止まらないときなどは、「モノを減らすこと」に意識を向けてみるといいかもしれません。

クローゼットにたくさん服があったとしても……

さて、わたしは、服と靴に関しては、ルールを決めています。

それは、**一つ買ったら、一つ手放す**、ということです。そうすれば、クローゼットの容量がいい感じに収まるからです。

たまにちょっと増えることもありますが、そのときは、後で、まとめて手放す時期が来ます。

ちなみにわたしは、**服や靴を買うときは、それと同時に、「次はどれを手放そうかな」と考えます**。

わたしにとっては、「選んでゲットする」のと「選んで手放す」のって同じこと。そして、意外にも、**どちらも気持ちがいいもの**なんですよね。

クローゼットが〝満員電車〟になっていませんか？

〝義務感〟は、「さようなら」の印！

また、「着ていないから着なくちゃ！」という義務感で服を着る場合は、それは、「さよならのサイン」と思っています。

たとえば靴なら、いくらデザインが可愛くて気に入っていても、履き心地が良くないものや、靴擦(ず)れを繰り返すものは、潔(いさぎよ)く手放します。

だって、気になるところがある靴って、そもそも、履くことがなくなりますからね。

「せっかくだから履かなくちゃ！」となったら、終了です。

結局、服も靴も、気に入ったものをヘビロテしていることも多いですしね。

また、毎年、新しいデザインが出ても、昨年買ったものをどれだけ着たかなって思ったときに、毎年買う必要なくない⁉　って思うんですよね。ＳＮＳや雑誌、店頭を見ちゃうと欲しくなるなら、そういうものは見なければいいんじゃないかなって思います。それに、最近は気候が昔とだいぶ変わって、夏と冬は長いのですが、春と秋はとても短い気がします。なので、ジャケットがたくさんあっても、全部は着ないだろうなとか思いますし、**「着ていないから着なくちゃ！」という義務感で服を着るのってどうなのかなって**思います。

ジュエリーも、可愛いと思って手に入れたものでも、全然使わないものがあったりしますよね。すると、「せっかくだから着けなくちゃ！」という義務感が出てきます。**この義務感が出てきたら、そのジュエリーとのご縁は終了です。**

そういうモノたちを、友人に欲しいか聞いて、欲しいと言われた場合はあげたりすると、大変喜ばれます。

「義務感」でモノを持たない

キャメレオン竹田流・身の回りのモノ選別基準

『フランス人は10着しか服を持たない』というベストセラーがありますが、ここからはわたしがモノをどれくらいしか持たないようにしてるかを、ご紹介します。

バッグはお気に入りのものは8個以内にしています。選ぶ労力をかけたくないからです。

本に関しては……。

わたしはトータル100冊以上の著作を出していますが、自著の本はそれぞれ1冊ずつを手元に残しています（占いの12冊星座別シリーズ系は、12冊ではなく1冊だけ残しています）。

その他は、自分のお気に入りの本20〜30冊くらいを手元に残し、あとは手放しています。

基本、一度読んだら手放します。

なので、大きな本棚は我が家には必要なくて、1つのキャビネットで十分間に合います。スッキリ！

タロットカードは、職業柄たくさん持っているのですが、定期的にチェックして、あまりにも使っていないカードは手放しています。手放した後、使いたくなったら、**また同じものを買えばいいだけ**ですからね。

記念品や賞状は、わたしはいらないので、スマホで写真を撮ったら、捨てます。

写真は、かさばるので全部捨てちゃいました。

結婚式の写真も、卒業アルバムも。

そういえば最近、友人の旦那さんが、結構長い間、不倫していたことが発覚したんですね。その友人は、その事件をきっかけに、ずっと見返していなかった結婚式の写真を、思い切って捨てたそうです。

友人がそれを旦那さんに伝えたところ、旦那さんは「えっ!!!」と驚いていたそうです。そこで友人がすかさず、

「キャメちゃんは、とっくの昔に『かさばるから』って、結婚式の写真、全部捨てたみたいだよ!」

と伝えたところ、旦那さんは、また「えっ!!!」と、ダブルで驚いていたそうです。

持つのは「ここまで!」という基準を設けよう

「やらない勇気」が自由を生む

わたしは、**増やしてから減らしていく**タイプです。

どういうことかというと……。

何かにハマりそうな時期が来たとしますね。

そのカテゴリに対して、自分の方針がまだ固まっていない段階は、何でも試してみたり、増やしていったりする時期があり、そこから、本当に自分に合うものを選んでいくのです。

逆に言うと、**「合わないこと」**を知ることで、**「合うものがわかってくる」**といいましょうか。そうすると、**自分にちょうどいい感じに整っていく**のです。それは、まるで、彫刻のように。

いくつか、「わたしはこんな感じに実行してきた」というものをご紹介しましょう。

・勉強

【子供の頃】

普通に学校で勉強をしていましたが、自分に合っていると思った科目は図工、美術、道徳だけでした。

あとは合いません！　やっつけ勉強です。

受験に必要だから勉強しましたが、それだけです。子供の頃から「無駄な勉強に脳細胞を使いたくないな〜」と思っていました。

【20代〜】

占いは子供の頃から好きでしたが、まさか、占いで食べていけるとは思っていなかった20代。この頃は、料理、書道、スケッチやデッサン、Webデザインなどを勉強するようになりました（占い師になる前のことです）。

しかし、どれも楽しいのは最初だけで、自分には合わないことがわかりました。

好きな占いの勉強も、増やしてから減らしていきました。

とりあえず気になった占いは、西洋系の占い（西洋占星術やタロット占いなど）も東洋系の占い（四柱推命や風水など）も、まるっと勉強してみます。その後で、自分に合う占術をチョイスして、それを極めることにしたのです。

最後まで残った占術が、今わたしが専門としている西洋占星術とタロット、おまけに手相、といった具合です。

・仕事

最初は会社員をしていましたが、自分に「会社員」という仕事スタイルは合わないことがわかり、起業！　起業後、来る仕事はすべて受けていました。

占いも、鑑定依頼の数が増えすぎて……、なんと、クライアント1人あたり1時間で、1日8人とか鑑定する、という日もあったくらいです。

他の仕事もどんどん膨らんでいきました。

AbemaTVの帯でレギュラーをしていたこともあります。

でもテレビの仕事って、すごく大変なんですね。メイクさんにメイクをしてもらう場合、わたしは18時くらいにテレビ局に入らなければなりません。で、終わるのが、深夜の0時過ぎ！

このとき「テレビの仕事は、たとえ出演時間は少なくても、拘束時間がやたら長い」ことがわかりました。

仕事の途中から、メイクは自分ですることにし、21時にテレビ局に行く、といった感じに変更させてもらいましたが、それでも月曜日から金曜日の夜の時間帯を全部、テレビの仕事に拘束されることは、わたしには合っていませんでした。

なので、「そろそろ旅に出る！」と、変な言い訳を使ってやめたのです。

この他にも、仕事はどんどん増えていき……、特に出版の依頼は、ほぼすべて受けていました。

エネルギーの投入先をしぼってみた結果

さて、わたしは、「ある転換点」に達すると、「増やしていく」から「減らしていく」フェーズに入ります。

この仕事を受けるとメリットがあるとか、宣伝になるからとか、好きじゃないけれど報酬(ほうしゅう)になる的な、いわゆる「やっつけ仕事」になりそうなことは、引き受けないことにしました。そして、楽しそうだと感じる仕事だったらやってみて、そうじゃないものはやらない、ということを徹底しました。

すると……。

仕事をしすぎて忙しかったときよりも、「仕事はしたいときに、楽しいことだけをする！」にシフトしてからの方が、なぜか時間も収入も増えました。

これはなぜか考えてみたのですが、おそらく今までは、自分のエネルギーが分散していたのが、シフト後は、エネルギーを集中的にうまく使えるようになったからだと思います。

「楽しむこと」に集中すれば、豊かさは自然とついてくる

「何もしない日」に罪悪感を持たない。むしろ、自分をほめる！

前項の話の続きです。

「仕事はしたいときに、楽しいことだけをする！」にシフトしたと述べました。

そして、スケジュールも、どんどん空白になっていきました（空白といっても、いつ仕事をしても、しなくてもいい、というスタイルです。優先順位が高いものがやってきたら、いつでも変更可能状態、という感じ）。

なので、面白そうなことがあったら、いつでも動けます。たとえ福岡の友達に当日バーベキューに誘われても、いきなり参加できます。

わたしはオンラインサロン（神さまサロン）を運営しているのですが、最近では、その中での配信やイベントなども、改まって「○日の○時からやりますよ」というように、事前に日程を組みません。

自分がやろうと思い立ったときにいきなり行ったり、やろうと思った当日にお知らせしたりします。

オンラインの配信はアーカイブが残るので、当日、見られなかった人も、後追い視聴もできます。だから、わたしも、みんなも時間に縛られない方式で、とっても都合がいいのです。

思い切って自分を自由にしてみたところ

今のように「改まって日程を決めない！」って決めてから、それをサロンで伝えたところ、メンバーの皆さまからの反応は、とてもいい感じでした。

「より自由〜！」とか、「軽〜い！」などと、とてもいい反応をいただき、わたしのサロンはさらにいい感じになりました。

今では、総勢２０００人前後の楽しいコミュニティになっています。一度退会した後、「やっぱり戻りたい！」といって戻ってくる方も多いサロンです。

「忙しいことが偉い」とか、「やってる感に追いかけられてると充実する」というのは、幻想！

むしろ、**自分が自由になることで、まわりのみんなも自由になる**のです。

自由こそが本当の豊かさ

どんどんベスト化すれば、いつでも「今が最適」

他にも、わたしがどうやってモノを減らしてきたか、ご紹介します。

ファッションも、インテリアも、観葉植物も、いろいろやってみてから、「似合う、似合わない」、「心地いい、心地よくない」、つまり、自分に「合う、合わない」がわかってきます。


【モノ】

ファッションに関しては、年齢や見た目の変化によっても、似合う、似合わないが変わってきますし、好みの変化があったりしますしね。

「これも可愛い、あれも可愛い」って増えるときが一時的にありますが、後から、あまり着ていないものや、せっかくだからと義務感になってきているものを手放す……

という流れです。

ちなみに、好みが似ている友人がいて、お互いに着ているものが可愛いから欲しくなり、会うたびにオソロが増えていったりします。もう8着くらい同じものを持っています。そういったこともいちいち楽しいのがファッションです。

【インテリア】

インテリアは、今までいろいろ試した結果、自分は白を基調にするのが一番好みということがわかりました。ソファーとカーテンは、白系で統一しています。

そして、犬がいると、ソファーは革製がいろんな意味でベストなんだということが経験を積んでわかりました。

リビングのテーブルは、一枚板にしています。これが、周りの白との組み合わせで、とても可愛く映えるよう、お部屋が仕上がっています。

あと、いくらデザイン的に可愛くても、「自分は、揺れるものを室内に置きたくない！」というタイプであることもわかってきました（地震のときにめちゃくちゃ揺れるからです）。なので、以前は、大きくカーブになっているお気に入りのフロアライトがあったのですが、手放しました。

アトリエのずっと座っていられる椅子や、端から端までの長いテーブル、向きを変えられるライトも、いろいろ試して、今に落ち着きました。

【ベランダの植木】

植木に関しては、一目惚れすると集めちゃう時期があったのですが、いざ実際に育ててみると、今まで知らなかったことがわかりました。

たとえば、実がなる木は、すぐに鳥が食べに来ちゃいますし、レモンの木は、アゲハ蝶がどこからともなく現れて、卵を産みに来ます！

そして、（種類にもよりますが）ミモザは、カイガラムシがたくさん付くんですね。

「お〜、これは、面倒くさがりのわたしには無理かも〜」

ということで……、気になった植木は、手放すことにしました。

これも一時的に植木を一気に増やした結果、自分の生活に合う植木が明確になったわけです。今は、ベランダの植木は3つに絞りました。今は、楽しく愛情を込めて育てることができています！

どんどんベスト化されていくので、いつも「今が最適」です！

【人間関係】

やっぱり、いろいろな人を知ることで、自分に「合う人」と「合わない人」がわかってきますよね。そんな意味でも、学生時代の小中高って、人を学び、距離感を学んでいくのには、絶好の機会だったのかもしれません。みんな否応(いやおう)なしに、団体行動をしないといけないので。

どんな人が自分に合わないのか、あるいは、合うかを知っておくというのは、身のまわりの人間関係をスムーズにするために、とても大事なポイントだと思います。

わたしの場合は、男女年齢問わず、「精神的に自立していて、自分のことも人のことも尊重できる人」が、とても合います！

「増やす↓減らす↓整う」の黄金サイクル！

人とのご縁にも「賞味期限」がある

ちなみに、**悪縁はスパッと切ってOK**と思っています。

縁が切れるときって、それなりに、相手がこちらに対して嫌な言動をしてくること もあるかもしれません。でも、これって、「それくらいのことがないと、その縁は切れ ないから」、ともいう天の配剤（はいざい）である、ともいえます。

ですので、（縁が切れた人は）逆に、そうしてくれて（わたしに嫌なことしてくれて）あ りがとう！（完）、って話なんですよね。

古くなったご縁が切れた後は、次のキャスティング（新しいご縁）が用意されている ものです。つまり、縁が切れた方は、そこで、あなたの人生からクランクアップ（退 場）ということなんです。

ちなみに、**自分が出したものは、自分に返ってきます！** なので、幸せの道って、「人に対して呪うと遠回り」、「人に対して祝うと近道」なんですよね。

なので、**どんな嫌なことがあっても人に対して、「呪ってやる！」ではなく「祝ってやる！」と言うといい**ですね。

あと、人に対して期待すると、期待が外れたときに、怒りが出てくることがあります。ですから、**人に期待するのではなく、感謝していればいいんです。**

そもそも、その怒りは、相手に対してではなく、期待してしまった自分に対しての怒りかもしれませんからね。

なので、こちらも幸せの道を目指すなら、「期待は遠回り」、「感謝は近道」、なんですよね。

縁が切れたら、人生が動き出す

「自分らしさ」をどんどん更新していく

わたしは、**高級品ほどガシガシ使う**ことにしています。

値段が高いものって、頻繁(ひんぱん)には使わないことってあるじゃないですか。昔の言葉では、それを「タンスの肥やしにする」といいますよね。

わたしは、それって、すごくもったいないって思うんですよね。

人生には制限時間があるので、もちろんTPOに合わせながら、ガシガシ使いたいし、使います！！！

それを、昔の言葉では「元を取る！」ともいいますが。

いいものは、素材もいいので、ずっと使えますからね。**一緒に人生を楽しみたいで**す。

それが似合うお年頃というのもありますしね。

たとえば、パールも、今の年齢でつける印象と、10年後につける印象は、違ってくると思うんですね。

バッグは、今は持ち歩けるものでも、10年後は「ちょっと重い」というだけで、使わなくなってしまう可能性もあります。

ハイヒールも、今は楽しめても、10年後は、「フラットシューズしか無理！」なんてことになっているかも!?

「新しいオシャレ」に目覚めたときの話

で、ですね。

ヒールに関しては、少しお話ししたいことがあります。

わたしは、ちょっと前までは、ヒールの靴をあまり履いていなかったんですね。

というのも、わたしは歩くのが好きなので（油断すると3〜7キロくらい、軽く歩いてしまいます）、いつも靴はフラットなものか、スニーカーを好んで履いていました。

あと、「ヒールは歩きにくい」とか「足が痛くなる」という先入観があったことも、これまでヒールを好んで履かなかった理由の一つですね。

しかし、あるときＳＮＳで、オシャレな70代後半くらいの女性を見つけたのです！（ちなみに、わたしは、年配の素敵な女性のファッションが好きです。ＳＮＳでは、内藤朝美さんという70代のインスタグラマーの方をチェックしています。また、トキメく女性としては、Ｎｅｔｆｌｉｘのドラマ『エミリー、パリへ行く』に登場する、60代のフランス人女性・シルヴィー。めちゃくちゃ魅力的で、憧れです！）。

その方の足元を見てみると、バッチリ、6〜8センチくらいのヒールを履いていたんですね。それを見て、「あっ！　ヒールって、いくつになっても楽しめるのではないか！」と思ったんです。

それ以来、ヒールに目覚めました。

で、いろんな靴を試着してみると、靴自体の重さが軽めで、足のサイズ（長さや太さ）がちゃんと合ってさえいれば、案外、ヒールって歩きやすいということがわかったんです。完全にフラットな靴よりも、むしろ歩きやすかったりして。

ヒール、とても気に入りました！
今では、6センチくらいまでなら、十分にヒールを履いたおしゃれを楽しめますね
（ちなみにヒールは、太い方が歩きやすい気がします）。
ヒールがあるだけで〝女性らしさ〟がめちゃアップ！
「これ！」って決めつけをやめて、自分らしさをどんどん更新していきましょう。

自分にも、他人にも、〝決めつけ〟はもったいない

6章

ユーモアは意思！
どんどん面白がろう

わたしは、「キャメちゃんだったらどうする？」と聞かれることが多いです。もともと占い師ではありますが、占いとかじゃなくても、友人やフォロワーさんから、相談というものをされることが、昔からすごく多いんです。

わたしは、自分で言うのもなんですが、どんな内容の話でも、ジャッジせずニュートラルに受け止める人なので、相手は非常に話しやすいのだと思います。

なので、**常識やルールをぶっ飛ばして、「もしも、わたしだったら」という視点で、回答をさせてもらっている**んですね。

で、最近も「キャメちゃんだったらどうする？」と聞かれたことがあるので、個人情報を守った上で、おおよその内容をこちらでお話しします（友人には許可を取ってます）。

友人の旦那さんが、結構長く不倫をしていて、それが発覚したそうなんです。とはいえ、友人はそもそも別れる気はありませんでしたし、旦那さんも友人と別れたくありませんでした。よって、旦那さんは、不倫相手の方と別れることになったんですね。

わたしの友人は、別れなくとも、旦那さんから慰謝料をもらうことになりました。そこで、友人からわたしに連絡があったのです。

友人「旦那から、不倫の慰謝料を2000万円でどうかって提示された！」

わたし「……えっ!? もう一声でしょ！！！」

（そもそも、この友人の旦那さんは実業家で、お金持ちです）

友人「3年不倫してたから、3000万とか？」

わたし「(笑) ！ それで！！！」

こんなやり取りをしているうちに、友人は、最初よりテンションが上がって、元気になってきました。

友人「それで交渉してみる！　**ちょっとワクワクしてきた！**」

……とまあ、このサクッとした会話の後、友人は本当に、旦那さんに「慰謝料を3000万円にしてほしい」と交渉しました。

そして、あっさり、3000万円ゲットすることに成功！

ちなみに、この友人も、新宿の市場稲荷神社に参拝に行ったことがある人です（214ページでこの神社について触れます）。商売繁盛のご利益が半端ないとウワサの神社なのですが、確かに、友人もある意味、金運めっちゃ上がりましたよね（笑）。

しかし、その後、不倫は3年ではなく、5年だったことが、発覚しましたが。

あきらめずに、言うだけ言ってみよう！
いいことあるキヤも！

アソコが男性になってしまった件

わたしは、閉経すると同時に、ホットフラッシュがやってきました。

一日に何度も、時間にするとせいぜい1分くらいではありますが、首から上がカ～ッと、めっちゃ熱くなるのです。夜、寝ているときにこれが来ると、寝汗もすごいことになります。「更年期キタ～！」といった感じですね。

女性は閉経すると、エストロゲンの分泌量が減ってしまいます。すると、脳は、卵巣にもっとエストロゲンを分泌するように指令を出すんですね。

しかし、卵巣から十分なエストロゲンが分泌されないため、ホルモンバランスの乱れが生じ、自律神経の調節がうまくいかなくなります。

で、いろいろ調べてみると、「ホルモンを補充すれば解決できるじゃん！」ってことがわかったんですね。

テストステロン補充という治療法に、とても魅力を感じました。テストステロンは「元気！　活力！　集中力！」つまり、生きる意欲を増やしてくれます。しかも、テストステロンは少量ですが、エストロゲンにも換わったりするので、「一石二鳥！」と思ったんです。

そして実際に、テストステロンの注射をしてみたんです。

すると、ホットフラッシュがピタッとなくなったんです。

「過ごしやす〜い！！！」

と喜んだのも束の間……。注射して1週間くらい経った頃でしょうか。

テストステロンが効きすぎてしまったのです。

どれくらいの量で、どれくらいの効果があるかって、人によるみたいなんですね。

なんか、ちょっと下半身に違和感があって、ふと、自分のアソコを見てみると、くわしくお話しすることは控えますが、全体像が男性化していたのです。

こっ、これは大変だ！！！

すぐに病院の先生に電話をしました。すると、テストステロンを投与してから2〜3週間は効き目があるので、効き目がなくなるまで待つしかない、とのことでした。下半身に違和感がありすぎて、その2週間はノーパンで過ごしました。しかも、その2週間の間に山登りの約束もあったので、**ノーパンで山に登りました。**

テストステロンの投与をやめてみたところ

で、その後どうしたか、という話をします。

血液検査をした結果、わたしは元々、テストステロンがほぼない人だった、ということが判明しました。なので、ちょっとだけの投与でも、効き目が出すぎちゃったようなんですね（元々、テストステロンがめちゃくちゃ少ないのに、わたしに生きる意欲がすごくあるのはなぜだろう⁉　笑）

まあ、わたしは、ホットフラッシュを何とかしたかっただけだったので、エストロゲンとプロゲステロンを処方してもらうことにしました。

すると、ホットフラッシュもなくなり、今、とてもいい感じの毎日ですね！！！

楽しくなってきた！


あ〜、テストステロン面白かった！！！

自分に男性器ができるなんて、思ってもみなかったので、**とてもいい経験**をしました！（笑）

人生のすべてを面白がろう！

なぜ、銀行の貸金庫からお金が盗まれても、面白がれるのか？

以前、銀行の貸金庫から、銀行員によってお金が盗まれた事件があり、社会的に大きなニュースになりました。

実は、わたしの周りにも、同じく貸金庫から大金が消えた被害者がいたんですね（※ニュースになっていたのとは別の銀行です）。

一見すると、その人にとって、とても大変そう＆ツイていない出来事でした。

なぜなら、銀行の人には「お客さまの勘違いなんじゃないですか」と言われたり、相談しに行った警察も本気で捜査してくれなかったり……。散々な目にあっていたのです。

結局、最後の最後で、まさかの「銀行員が盗んでいた」ことが発覚したんですね。

その人は、自分のお金がなくなってから見つかるまで、何回も銀行に足を運んだりして、本当に面倒だったはずなんです。それなのに、それら一部始終の出来事を、めちゃくちゃ楽しんでいましたね。

なんと、

「普通では経験できないことを体験できちゃってる自分って、持ってるよね〜！」

と言っていました。

「人生、楽しんだもん勝ち」を地で行っている、すごい人だな！　と改めて思った次第です。

それにしても、銀行の貸金庫は危険ですね。

でも……、

結局、どんなことも全部、楽しいですね！

トラブルを楽しめるようになると、もはや無敵になる

兄は、ウーバーイーツ配達員！
――「人生を楽しむ達人」から刺激をもらおう

わたしはご存じの通り、毎日をのびのび楽しんでいるわけですが……。
身近には、わたし以上に楽しそうな人がいます。

それは、兄です！！！

兄は、とにかく毎日楽しくって仕方がない、っていう感じの人なんですね。
ちなみに、わたしの兄は何をしている人かというと、システムエンジニアです。会社員として働いています。仕事は、現在はテレワークがほとんどなので、「オフィスに行くのは、趣味みたいな感じ」と本人は言っています。

兄は自転車がとても好きなので、出社する日は、ウーバーイーツのリュックを持っていき、日中はロッカーに入れておいて、会社帰りにウーバーイーツ配達員をしています（※会社に副業届は出しています）。

もうすでに100件くらいは配達しているそうなのですが、その話をする兄の顔が、めちゃくちゃ楽しそうでした。

しかも、ウーバーイーツって、おひねりのボタンがあるのですが、たまに、本当におひねりをくれるお客さまもいるそうです。

そういうときは特に、めっちゃ喜んでいました。

自由人同士は、うまくいく！　わたしと兄の場合

また、兄は、急にフラ～ッとどこかに行くことも大好きです。だから、街歩きをするのも楽しいそうです。

わたしと兄は、こういうところも似ています。

わたしと兄が一緒に散歩をしていると、お互いがそれぞれ、別の方向をキョロキョ

ロしながら、それぞれ勝手に自分の見える景色を楽しんでいます。

兄とは気が合うし、話しかけると答えてくれるけど、お互い自由人だから、無理に合わせたり気をつかったりする必要がない。

だから、一緒にいて、お互いすごくラクなんですよね。


いちいち「自分で自分を楽しくナビゲートできる人」といると、ラクで楽しい！

わたしにとって帰省とは、「落語家が寄席に仕事に行く」感じ

わたしは、帰省に時間制限を設けています。

どういった時間制限かというと……。
・お昼を実家で食べる場合は、夕方には帰る
・夕飯を一緒に食べる場合は、お昼は食べてから実家に帰る
といった具合です。

この理由は両親にも伝えてありますが、わたしの場合、これ以上実家に滞在すると脳が疲れて、抜け殻みたいになってしまうのです。

なぜ、そんなに疲れ果ててしまうのか。

理由は、簡単です。

4時間いれば4時間、8時間いれば8時間、親からの質問にすべてわたしが答えて

いくからです。

わたしの両親は、我が子のすべてを知り尽くしたいようで（多分、常識人の親からすると、わたしは本当に宇宙人なんだと思います。笑）、わたしの家のこと、犬のこと、竹田くんのこと、友人のこと。それが終わると、わたしのビジネスの細かいフローや商品の販売数や売上など、あれこれと順を追って、取りこぼしなく細かく聞いてくるのです。たとえば……、

・妻がキャメレオン竹田ということを、竹田くんの会社の人は知っているのか？
・都会のど真ん中で犬の散歩は、しにくいんじゃないか？
・絵は自分で考えて描いているのか？（↑特に母は、わたしと違ってクリエイティブなタイプではないので、どうしても、新しく「0から1を生み出す」という行為と思考が理解できないようです）
・商品を作る業者さんとは、どうやってつながるのか？
・YouTubeの編集は自分でしているのか？

エトセトラ、エトセトラ……。

もう、キリがなーーーーい！

そして、**わたしはなぜか、ロボットのように、親からの質問にすべて答えてしまう**のです。

本当に、自分でも、びっくり！

「全く同じ話」のアンコール。これって、もしかして!?

また、親からの質問は、**昔から毎回、まったく同じことである場合が多いのです**……。

なので、実はわたしの話の内容はあまり聞いていなくて、質問をして満足しているだけなのかもしれません。

復習を兼ねて、ひと通り、最初から聞きたいということもあるのかもしれません。そして、同じところで、笑ったり驚いたりするんですよね！

なので、わたしは……、

「あれだよっ、あれ、またあの話をして！」

と言われている気分になります。

そうです、**古典落語家のモード**なのです。

まるでわたしは落語家です。

わたしにとって帰省とは、「**落語家が、寄席に行く感じ**」なんですね。

早めに帰ろうとすると、「もっとゆっくりしていけばいいのに～！」などと言われますが、それはとても危険すぎるんです。ゆっくりできたためしがないからです。

親からの「ゆっくりしていけばいいのに」は、実は寄席のアンコールなのです。

落語家がいちいちすべてのアンコールにも応えていたら、それはサービス精神が旺盛すぎますね。

こうして怒涛の質問タイムが終わり、ホッとしていると、帰りがけに、

「しかし、よくしゃべるね～！」

と親から言われたときには、ずっこけました。

親のアンコールに応えたら、次の帰省が千秋楽（笑）！

「なんでこうなるんだろう?」って思ったら、だいたい自分がそれを許している

前項の話の続きです、

一般的に「質問」という会話形式って、相手からの話を受け取って、こちらの頭で考えてから、口に出して答えていくことが多いですよね。

だから、とにかく疲れるんです（普通の会話とは全然違います）。

これが1時間だったら疲れませんが、8時間とかになると、相当疲れるんですね。目がショボショボしてしまいます。帰省して顔が老けるのはわたしだけ⁉

だから、帰省には時間制限を設けている、というわけです。

親からは、帰り際にいつも「もっと、ゆっくりしていけばいいのに」と言われますが、実家でゆっくりできたことなど、今まで一度もありません（笑）。

でもこれって、**わたしの中に、こういう思い込みがあるから**ですよね。

「質問されたら、きちんと答えなくてはいけない！」

「親の言うことを、なるべく聞かなければならない！」

こういう「いい子（!?）」でいないといけないという、幼い頃の思い込み……。

すなわち「真面目な自分」がいることに、最近気づいたのです。

これって14ページでお話しした、わたしがバイトをばっくれたときと同じ心理状態ですよね。

基本的にわたしは、**無意識でいると、相手の要望に応えてしまうという「イエスマン」の気質があり、その気質は、今だに根強く残っていた**のです。

でも、今のわたしは、19歳のときには知らなかったことを知っています。

これは、いつか限界が来て、ぶっ壊れるというオチが待っていることを……!!!

こういう、人生で頻出するパターンは、「相手がどうのこうの」ではなく、紛（まぎ）れもなく、わたし自身が、この状況をつくり出しているのです。
たとえば、逆に言えば、わたしが答えるから、質問されちゃうわけです。
わたしが「NO!」と言えばいいだけなのです。

あっ、そうだ!
警察の取調室での取り調べも、黙秘権が認められている。
ということは、わたしも、親に対して黙秘権を使えばいいんだ!
今、思いつきました!!!

「NO!」と言う〝心のハードル〟を下げよう

「ずっと一緒にいてもラクチン」な人の条件とは

前項で、わたしの両親と実家の話をしました

では、旦那である竹田くんの実家の両親はというと……。

それが、**すごく一緒にいてラク**なんです。

彼らは、竹田くんにも、わたしにも、あまり質問してくることはないのです。竹田くんの親御さんは親御さんで、好きなことをしているので、一緒にいても、まったく疲れないんですよね。

竹田くんのご両親は、いい意味で、**わたしたちは「家族とはいえ別個体」**ということを熟知している感じ。

とてもラクで、リラックスできます。

親との付き合い、友人の場合

ちなみに、友人に、親との付き合いをどうしているのか、聞いてみたことがあるんですね。

すると、ある友人は、母親が週5で電話をかけてくる、と言っていて、驚きました！

しかも、こちらから切らないと、何時間でも永遠に、母親の話を聞く羽目になるらしいんですね。

なので、友人は、かかってくる電話の5回中、1～2回しか電話には出ないようにしているそうです。

また他にも、話の途中で「今から電車が来るから～」とか、「あ、電話が来た～」とか適当に言って、母親との通話を5分以内で切り上げるようにしたりと、電話を長引かせないように、いろいろ工夫をしているようです。

また、帰省する場合、「昼寝をしちゃう」という方法もありますね。

実はこの方法は、兄から学びました！

　というのも、先日、兄が先に帰省していたのです。兄とわたしの２人がいたら対象が分散されて、あまり質問攻めに合わなくて済むかな、と思って、安心してわたしも帰省したところ……。

　なんと。

　兄は昼寝をしていることがかなり多く、親からの質問攻めをうまくかわしていたんです！（代わりに、やっぱりわたしが集中して質問されることになりました）

　このときの兄の姿を見て、

「あ〜、この手があったか！」

と勉強になりました。

　みんな、無意識にいろいろ工夫しているなあ。

　わたしも見習おう！！！

「何となくやっていること」が、実は生きる技術

心配しなくても、あなたの親孝行はすでに終わっている

ちなみに、ちょっと話は変わりますが。

親に対して、「もっとこうしてあげればよかった〜」などの、〝親不孝モード〟に入って罪悪感を覚える人ってときどきいますよね。

わたしは、その必要はないと思います。

わたしがすごく尊敬している、評論家の岡田斗司夫さんは、ご自身のYouTubeで、次のようなことを語っていました。
・・・・・・
0〜3歳までの子供が生き抜いたら、もうそれで親孝行は終わっている！

それぐらい、0〜3歳の子供というのは、圧倒的に可愛い！　親はその時点で、他

の人生経験ではあり得ないほど、いろんなことが経験できている。

なので、あなたが0〜3歳まで生き抜いた時点で、もう親孝行は全部終了！　ぜ〜んぶ終わり！

もし、あなたの親がそれ以上の見返りを（たとえば「あなたには、これだけしてあげたんだから、もっと親孝行するように」など）求め出したとしたら、その親の言うことは聞かなくていい！

親から離れて、親に「次のチャンス」というか「親自身が成長する機会」を与えてあげることが大事！

さっさと、親に「恩知らず」と言われるくらいになりましょう！

……確かに!!!

どんな人間関係においても大切なこと

でもこれって、よく考えると、血のつながりとか関係なく、普通の人間関係にも同じことがいえますよね。

誰かにコントロールされる場合は、それを「許可している」のは紛れもなく自分自身。

「許可するか許可しないか」は自分で決めていい。

自分の人生は、自分でコントロールできるのです！

誰かに「支配されている」のではない。
自分が「それでいい」って思っているだけ

「透視家」から「投資家」へ!? ドキドキを求めて株を勉強してみた結果

わたしの運用資金は、全世界株式のインデックスファンド（リスク資産）と、個人向け国債変動金利型10年満期＆普通預金（無リスク資産）というポートフォリオになっています。これは、『ほったらかし投資術』（朝日新書）を読んで、その通りにしているだけなのです（細かい部分は、少しだけアレンジしていますが）。

でも、これって、完全にほったらかしなので、刺激が足りないっていうか……。

で、**ドキドキを求めて日本の個別株も買ってみようって思ったん**ですね。

ちょうど「新しい何かを勉強したい！」って思っていたところでしたし、株式投資に対して、とてもワクワクした気持ちになっていたので、思い切って勉強を始めてみることにしました。占い師って、ある意味、未来を透視する仕事なので、これは「透視家」から「投資家」になるということかなって、そのときは思いました。

というわけで、株の教科書的な本を、やさしいものから中程度のレベルのものまで、20冊ほど買い、蛍光ペンを片手に読み込みました。その中でも、気に入った本に関しては、自分の脳に完全インストールできるまで、何度も読みました。また、会社四季報も買ってきて、YouTubeで四季報の読み方の解説を聞きながら、読み込んでいきました。日経新聞も読み始めました。そしたら……、

めちゃくちゃ楽しい！

占星術を学び始めた頃のワクワクを思い出しましたね。

「占星術」と「株式投資」の意外な共通点

占星術と株は、勘所(かんどころ)がとてもよく似ています。どちらも、チャートの見方を覚えて読み解くのですからね。

チャートやその他諸々(もろもろ)を読み解くときに、テクニカル分析や、ファンダメンタル分析など、参考にする指標がめちゃくちゃたくさんあります。また、いろんな線をすべて画面に表示したら、ぐちゃぐちゃになります。これは、占星術も一緒！　小惑星や

アスペクトの線を全部表示したら、ホロスコープの図面は、真っ黒になります。

さて、こうして、株はちゃんと勉強すると、ギャンブルではないらしい、ということがわかったわたしは、ワクワクしながら投資を始めてみました。

実際にやってみてわかったこと

で、実践してみたのですが、しばらくしてわかったことがあります。

あくまでわたしの場合はですが、どうやら、教科書通りに進めると、うまくいかないことがわかりました。

教科書には、「利益を取ること」と「ロスカット（損切り）をすること」（損失を確定するために売ること）は同じと書いてあり、株が約定したら、必ずロスカットもセットで設定するんですね。

しかし実際には、株価というものは、ある意味アルゴリズムで上がったり下がったりするため、ロスカットは価格変動の一時的な揺らぎでしっかり回収されてしまいます。つまり、そこで利確（利益を確定させるために売ること）してしまうのです（ロスカットを設定しておくと、安全ではあるのですが）。

で、いろいろ試した結果、わたしの独断と偏見で、ＴＯＢ（企業が他社の株式を市場外で買い取り、経営権を得るための公開買付）の気配があるものや、国策やいい材料がニュースで流れたものなどは、ちょっとだけマークして……。逆に、株が暴落したときを狙って、バーゲンセールで買うという作戦でもいいかなと。

そして、「今まで通りの、ほったらかし手法でいいや！」となりました。

わたしの性格的に、株のトレードよりも、普通に、仕事をしていた方が１００倍楽しいことに気づいたんですね。

これがわかってよかったです！！！

実際にやってみて初めて、「自分に合うか・合わないか」がわかる！

わたしが考える、ＦＸや仮想通貨に向く人

ちなみに、わたしは、ＦＸや仮想通貨には興味がないのでやらないのですが、ＦＸや仮想通貨の方が好きな人って、いるんですよね。

わたしには仲良しの60代の友人がいるのですが、この人は、なんとこの前、ボタンの押し間違いで、塩漬けのもの（売れずに放置された含み損の株のこと。含み損とは、まだ確定していない損失のこと）を売ってしまったそうなんです。

しかも、その額……**2300万円！**（笑）

この友人のスゴイところは……、

なんと、ショックを引きずっていない！

「やっちゃったことはしょうがない！」と、ケロッとしていました。ちなみに、この

友人の名言は「利確しなければ、含み益（まだ確定していない利益のこと）も、含み損も、そもそも何でもない」です。メンタル最強です！

「こういう人が、ＦＸとかに向いてる人なんだな～」って思った次第です。

もう一人の友人は、仮想通貨に投資をしています。何年か前に、酔った勢いで４００万円でリップルを買い、それが今は数億円になっている、と話していましたね（これからどうなるかは、わかりませんが）。

それを聞いてやっぱり、「こういう人が、仮想通貨に向いている人だな～」って思った次第です。

知らんけど（笑）。

成功の道は一つではない。
大切なのは、自分にとっての「楽しい道」を見つけること。
どんな道を選んでも、それが「あなたの物語」になる

7章

自分と他人に「いいこと」をする

全社員トウメイ人間
――わたしの会社が「一番、大事にしていること」

わたしの会社は、株式会社トウメイ人間製作所です。

社員は、代表取締役社長のわたし1名です。

ときどき、「御社の社員になりたいのですが」というお問い合わせメールをいただきますが、すべて断っています。トウメイ人間しか雇いません。


しかも、うちの会社は変わっています。

利益を目的としていません。

徳を積むことを目的にしています。

その方が、会社の利益が大きくなることを知っているからです。

そして何より……、

「人を豊かにする」ということをしていると、見えない「プラスのエネルギー」が増大していきますからね。

つまり、徳がどんどん膨らむんですね。

これを「**宇宙貯金**」ともいいます。

ある意味……、

税金とかもそうですが、節税に意識を向けるよりも、いかに多くを納税するかに意識を向けた方が、結果、お金持ちになりますからね。

たくさん納税すれば、それだけたくさんの人の役に立てますしね。**一人でも多くの人を豊かにすることが、本人がすごく豊かになる秘訣**なんですよね。

豊かになる秘訣は、人を豊かにすること！

「分身の術」で、願いを引き寄せる法

人って、「人の役に立てること」に、本能的に喜びを感じる生き物です。

なので、自分がやりたいこととか、知りたいことなどは、どんどん公言して、周囲にまき散らしておくこと！

すると、**知らず知らずのうちに、周りが勝手に、自分のために動いてくれたりする、**という素敵な現象が起こるんですね。

自分の願望を叶えるために、見たり、聞いたり、行動したりする人が増える（＝自分以外の人が動いてくれるから、人数が増える！）わけですから、これはもはや、「分身の術」を使えるのと同じ、というわけです。

さらに、みんなが、アラジンの魔法のランプのジーニー（あなたの願いを叶えるサポー

宇宙とのZOOM中に、
地球の生き物が
割り込んでくるバグw

パスタひとつで、
今日が**特別**になる!

趣味は休日に美味しいご飯を作ること!

株を学んでわかったこと。結局、一番の成長株は自分だった!(笑)

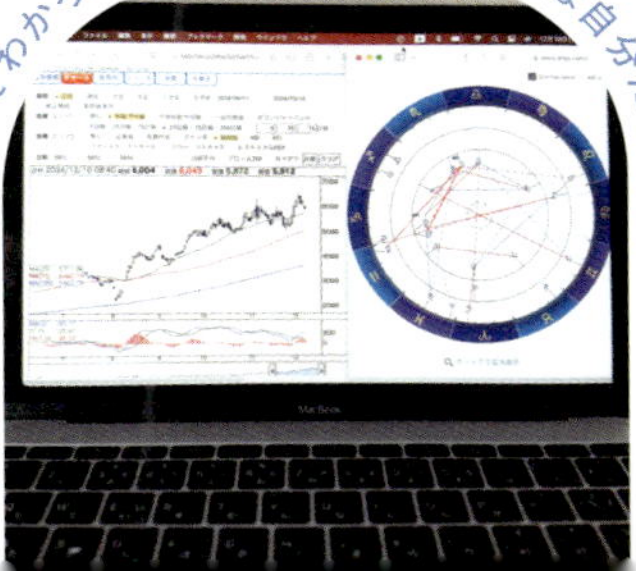

株も、星も、
どっちも未来を語る。
でも決めるのは
いつも自分!

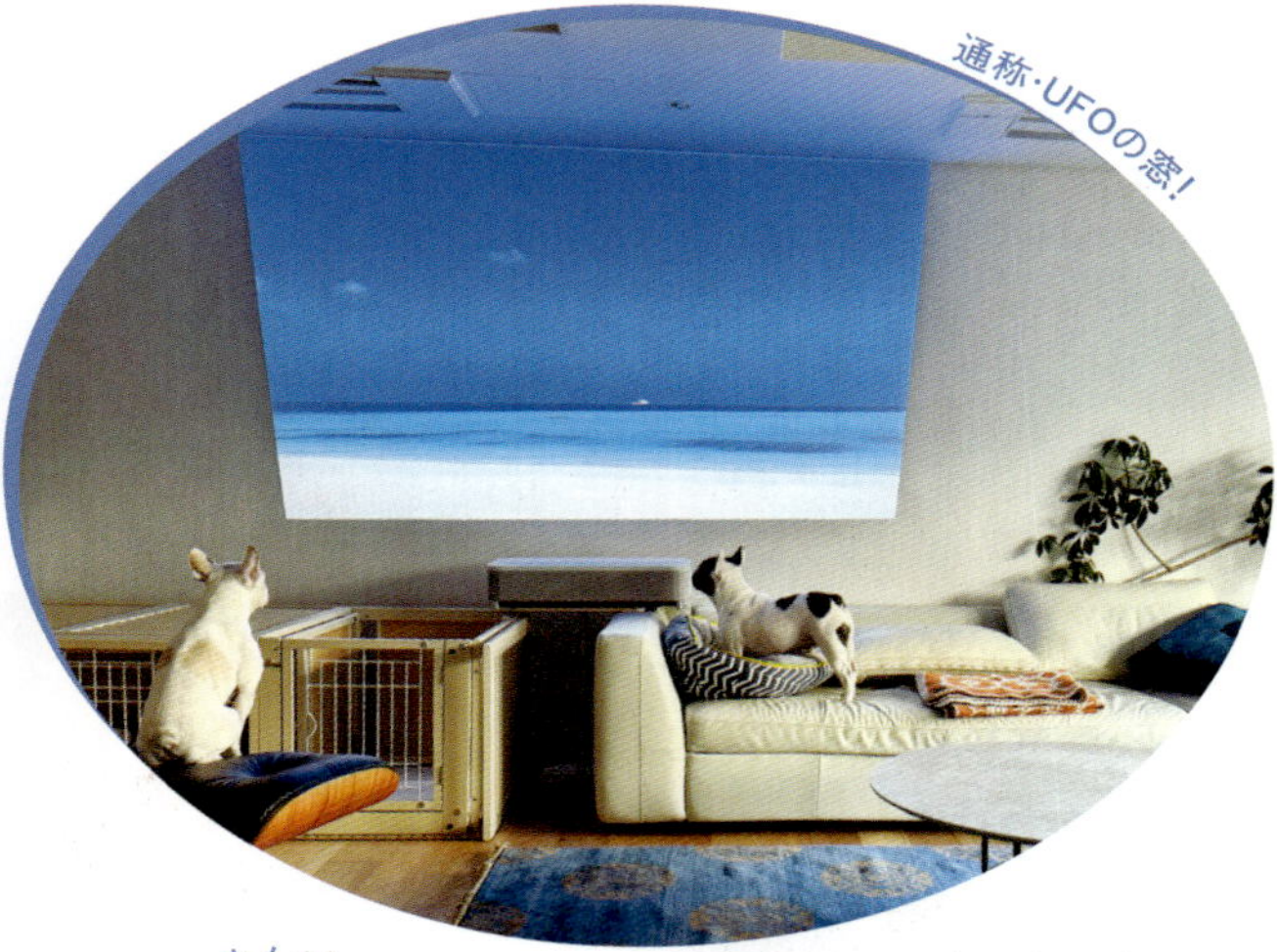

通称・UFOの窓!

最近、設置したプロジェクター。
これで、行きたい国に
いつでもワープできる!

ケーキもジャムもレモンが好き!

これはイタリア・アマルフィ
旅行中に食べた
「レモンの歓び」という
名前のケーキ。

リビングの床は
素敵なラグでアートに。

座る。待つ。ただそれだけの時間も幸せ♡

いくら可愛くても
“持ちすぎないこと”
が大事。

一つ買ったら一つ手放す！

“歩きやすさは”ゆずれないポイント

お気に入りの靴は、
お気に入りの未来へ
連れて行ってくれる♡

色も形も可愛いフェムテック・アイテム

顔のスキンケアと
同じように
デリケートゾーンも
ケアしよう。

コロナ禍だったので、わたしはみんなの分のマスクを持参

UFO故障中につき
バス移動。

直島で朝の散歩中にパシャリ

草間彌生のアート、
宇宙人にも刺さる！

笛を吹いたり、演奏をしている仲間もいた！

UFO遅延中につき、
富士山の麓にある
竜宮洞穴に踊りながら
参拝しているところ。

兄「食べても太らない奇跡をお願いします」

兄と御岩山に登ったとき、
裏参道にある小さなお社に
参拝しているところ。

ター）だとしたら、すごいことになりますよね！
こんなスゴイ方法を使わない手はありません！

知らないうちに徳を積んでいる人の特徴

わたしが何の話をしているのか、まだよくわからないかもしれないので、よりくわしくお話ししていきます。

「**喜び上手な人**」って、素敵ですよね。
こういう人がいると、ついつい、その人の願望を叶えたくなっちゃいませんか？
そして、つい、その人の役に立つことばかりしてしまい……。
そのときは、相手が喜んでくれるから嬉しいけれど、後から、
「あ～、なんで、わたしばかりやってあげているんだーー！」
って気持ちになったら……。
それは、ある意味、「賢者タイム」とでもいいましょうか。一時の快楽が終わった、

虚無の状態です。

でも、それ、大きな勘違いですよ！

これ、損をしているんじゃないんです。

あなたは、徳を積んでいるんです！！！

人の役に立つことをすればするほど、「宇宙貯金」というものが増えていきます。つまり、**後からいいことが起こること間違いない**、ということです。

なので、出し惜しみなんかするのは、幸せになるためには逆効果ってわけです。

「宇宙貯金」の扱い方については、注意点があります。

「あーしてあげたのに！　こーしてあげたのに！」なんて文句を言ったりしていると、自分の「宇宙貯金」が減るってことです。

あと、「あれは、わたしがしてあげたからだ！」と言い触らしたりする行為も、「宇宙貯金」を目減りさせます。

自分の手柄を手放してこそ、より大きなものをゲットできるのです。

いいことをしたら、サッと忘れる！
これが、徳を積むコツ

「人が喜ぶこと」をすると、いいことが目白押しでやってくる

それでですね、喜び上手になれば、いろんな方向から、いろんなことを引き寄せることができるようになります。

人は、あなたに喜んでもらえると嬉しくなって、もっと、何かしてあげたくなりますからね。

なので、他力本願の「引き寄せの法則」はこれです！

① 願いをまき散らす

② 何かしてもらったら、すごく喜ぶ

たったこれだけ！　とっても簡単です！

どんどん惜しみなく紹介する、教える！

わたしは、友人から、「もしも、こういう人（とある道の専門家や業者）がいたら、紹介して！」と頼まれることが多いです。

で、なぜかわからないけれど、わたしは、実際にそういう知り合いがいたり、その話を聞いてから（これは、意識しちゃうからだと思いますが）、いつの間にかまさにそういう人と知り合ったりしてしまうんですよね。

なので、どんどん紹介します。

すると、何ということでしょう。**友人のビジネスは、そのわたしが紹介した人と組むことによって、どんどん拡大していく**のです。

あとは、**友人との会話**です。

友人と会話していると、よく、友人はわたしが言ったことをメモします。作家の友人の場合は、そのメモしたことが、その人の執筆に役立ったりすることがあります。

また、「今、〇〇にいるんだけど、このあたりにあるオススメの神社教えて！」とメッセージが来ることもよくあります。

わたしはすぐに返事をします。

これまでわたしは、自分のお気に入りの神社に、何人もの知り合いを送り出してきました。なので、神さまにも好かれちゃって、相乗効果で最高です！


ちなみに、都内でナンバー1にオススメしている神社があります。それは、新宿の淀橋市場内の市場稲荷神社。

とても小さな神社なのですが、とにかく商売繁盛のご利益が半端ありません。たとえば最近、この神社に参拝しに行った代官山の美容室のオーナーの方は、なんと、表参道という一等地に店舗拡大することが決まりました！　しかも、トントン拍子だったそうです。

「喜び上手」は「引き寄せ上手」

「お金の巡りをよくしておく」ことは「世の中のためになる」こと

お金って「流れ」です。体で言ったら血流みたいなもの。

だから、**流れていると、とても健康的**なんです。

199ページでもお話しした通り、わたしは、お金をほぼ長期投資に回しています。銀行にあるのは、1年以内に使う分くらいです。

すると、全部いい感じに血流、つまり、金流が巡っています。

そして、金流がいいと金龍（金運）が味方についてくれます！

そもそも、銀行にお金を預けていたとしても、銀行は（保険屋さんもそうですが）、それを元手に、投資に回して経営をしているわけですから。だったら、自分で、直接投資した方がいいと思っています。

つまりは、どこにお金を置いておこうと、世の中にお金は巡っていっているわけなんですよね。

これって、世の中のためになることなんです。

お金は、誰かに貢献したくってたまらない生き物というわけです。

それが、お金さんの喜びなんですよね。

お金に対して「汚い」とか、お金を稼ぐことが「悪だ」という思い込みがある人は、人に対して「汚い」って偏見や差別をするのとまったく同じことです。

そんな人のもとに、お金さんはやってくるだろうか？

それはNOです。

誰だって、自分を愛してくれる人のもとへ行く方がいいですよね。

わたしは、最も手数料が安い、楽天とSBI証券の2つでやっています。

もちろん、投資は自己責任です。自分で勉強して納得してやることが大事ですね。
わたし自身、何があっても大丈夫だ〜という軽い感じでやっています。
そして、ギャンブルみたいな不安定なことはしません。

あとは、気持ちよ〜く流していけばいいんです。
お金を払うときは「めちゃくちゃ気持ちよく！」をモットーにすると、入ってくるときもめちゃくちゃ気持ちよく入ってきますからね。

お金は循環させればさせるほど、
豊かさも人生もまわり出す

おごるのも、おごってもらうのも、愛

前項で、お金の流れをよくしよう、というお話をしました。

おごってもらうときに関しても、同じことがいえるんですね。

「おごってもらう」ということは、相手のお金の流れをよくしているわけですから、ある意味、相手に貢献しているんですよね。

それに、**おごっているほうって、実は気持ちいいんですよね！**

人に喜ばれている感があったり、ある意味、支配欲が満たされたりすることもあるでしょう。ここが、すごくポイントなんですよね！


なので、おごってもらったときは喜んでいいんです。

素直に喜びましょう。

「おごられて申し訳ない」という気持ちがある場合は、その思いを完全に手放しちゃって大丈夫なんですよね。

その気持ちがあるんだったら、全力で喜んで、思いっきり相手を気持ちよくさせてあげましょう。

お金をおごる方も、おごられる方も、本当は気持ちがいいことなんですよね。

お金は、どんどん与えていいし、どんどん受け取っていいんです！！！

お金は愛だし、「ありがとう」ですからね～！

お金は「ありがとう」の化身。
巡れば増え、増えればまた「ありがとう」がやってくる。
エンドレス♡

人は「人の役に立つこと」をしたくってしょうがない

わたしは、とにかくヒマが苦手な生き物です。

なぜだろうと思って、自分にとって苦手な時間を、過去をさかのぼって思い出してみたんですね。すると……

- **小中高校生のときの夏休みの後半（ヒマになる）**
- **学生時代のバイトがない日（ヒマになる）**
- **仕事のやる気が起きないときで、他にやることがないとき（ヒマになる）**

と、こういった感じです。
ヒマの苦手さに関しては、筋金（すじがね）入りです！
ですが、何かをやるとなると、わたしは仕事がめちゃくちゃ早いので、あっという間に終わってしまいます（無意識に急いでやってしまうクセがあるともいえますが……）。
そして、面倒に感じることや、好きではないことに関しては、「どうやったらスムーズにできるようになるか」を考えて、ゲーム感覚で攻略するのも好きです。そして、攻略しちゃうので、またヒマになります。

なので、わたしの会社員時代は、人の何倍も仕事をしているのに、終わるのが人一倍早かったのです。

今の仕事も、フローを含め、一人でサクサクとこなします。もちろん、色々な会社と関わって仕事をしていますし、自分の専門外のことは、どんどんアウトソーシングしています。

ヒマだからといって、動画をダラダラ見たりはしない

でもですね、ヒマだからといって、例えばテレビの流し見や、TikTokやショート動画を見続けたりすることは、あまり好きではありません。

それは、何か、人生を無駄にしている気がしてしまうからなんです。けれど、何もしていない時間が苦痛というわけでもないですよ。そういった時間も、ものすごく必要です。

みんなで旅行に行ったときなども、必ず一人になる時間は必要だったりします（ちなみに、わたしは団体行動は苦手です。大勢でわちゃわちゃするのは、あまり得意ではありません。一瞬なら大丈夫かもしれませんが）。

で……（話を戻します）。

友人と遊んだり、買い物をしたりも楽しいですし、ご飯も、掃除も、犬の散歩も、瞑想も、楽しいです。

でも、**やっぱり一番楽しいのは……**。

仕事と、その後のゆるんだ時間、なんですよね。

緊張と緩和を味わう感じでしょうか。

仕事をが〜っとやって終わった後、一人で街をプラプラするのは、至福の時間に感じます。

同じところに停滞していたくない、わたしの気持ち

わたしの仕事は、クリエイティブな仕事です。

何かを生み出して、しばし余韻に浸る！

これが好きなのですね。

でもしばらくすると、また次の、クリエイティブな仕事を開始するんです。

ただ、忙しすぎるのは、その後、抜け殻みたいになってしまうので、それもＮＧではあるんですよね。何事もバランスです。

仕事というのは慣れてくると、ルーチン化します。**ラクはラクだけれど、刺激が足りなくなっちゃうんですね。**

「簡単、余裕、うまくいく！」は、わたしの合言葉でもあるのですが、最近、「簡単、余裕、うまくいく！」は、**常にレベルアップを図ることが大事だな**って思ったんですね。ずっと同じところに留まっているんじゃなくて。

ちょっと難しいことにチャレンジすることで、今まで「簡単、余裕、うまくいく！」

じゃなかったことが、「簡単、余裕、うまくいく！」になっていくという。**次のループの「簡単、余裕、うまくいく！」にしていくゲームが、わたしにとっては最高に楽しいんですよね。**

「仕事って突き詰めると何だろう？」と考えてみた結果

わたしは過去、すごく仕事をしすぎていた時期があります。だから、その次の年に、1年間、仕事を入れずにゆっくり過ごしたときがあったんですね。

そしたら、その1年間が……。

めちゃくちゃ苦痛だったんです。

平和といえば平和だし、優雅といえば優雅なのですが……。

やっぱりヒマなんですよね。

「仕事がしたくてたまらない！」

仕事に対する禁断症状が出てきてしまいました。

仕事、つまり「お金を生む」という行為は、突き詰めれば、「人の役に立てる」ということじゃないですか。

「ありがとう」の代わりに、お金がやってくるわけですからね。

何かを学んで成長しているときも楽しいですが、それが楽しいのは、後に、人の役に立つことにつながっているからですよね。

スタジオジブリの宮崎駿さんも、「これが最後の作品です」と言いながらも、何作もアニメ作品を作り続けていますよね。これってやっぱり、**「人の役に立つこと」って、やめられない**からだと思いますね。

わたしも、死ぬまで人の役に立つことを続けたいって、思いますね。

〝やっちゃう！〟で生きると、仕事は最高の遊び。ついやってしまうことこそ、使命

「オリジナル」こそ最強の生き方！

わたしの知り合いで、神さまトーク（神さまとおしゃべり）ができる方がいます。

その人は、とある神社のご祈祷（きとう）に参加することになったときに、こんな出来事に遭遇したそうです。

ご祈祷が始まる前に、神さまがその人の隣にやってきて、こう言ったそうです。

「ほらっ、太鼓を叩くだろっ！　そうすると、わたしは、あそこに行ってやんないといけないんだよな」

そういう神さまは、ちょっと面白がっている様子だったそうです。

人間がわざわざそんなことをしなくても、神さまはいつもそこにいるのに。

神さまからは、人間が決めた「儀式」というか「ルール」に沿って自分が登場するという、ある意味、〝人間たちのお遊びに付き合ってあげているよ〟感が感じられたそうです。

といってもイヤイヤではなく、神さまは、あくまでそれを楽しんでいた様子だったらしいので、とてもいいですね。

基本的に、人間って、ルール作りが好きなんですよね。「やっている感！」「頑張っている感！」が出ますしね。

でも実は、ルールなんて、あってないようなものなのです。

タイの寺院で、ひらめきを実行してみたところ

こんなこともありました（別の本で書いたこともありますが、ここにも書いておきます）。

タイにあるワット・サマーン・ラッタナーラームという寺院に、巨大なピンクガネーシャの像が祀られています。で、このお寺には、ピンクガネーシャ以外にも、たくさんの巨大な神さまの像が祀られているんですね。

わたしがこの寺院を訪れたとき、参拝者はみんな、有名なピンクガネーシャの像に

集中していて、他の巨大な神さまに参拝している人はいませんでした。

なので、わたしは、**その場でオリジナルの参拝方法を考案して、それで参拝してみることにしたん**です。

具体的にどんな参拝方法かというと、最初に、大きな音が鳴る太鼓のようなものがあったので、それを打ち鳴らし、その後に、みんなに向かって一礼。そこから、今度は神さまの方を向いて、両腕を広げて、仰いでみる……と、自分で好き勝手にアクションを起こして遊んでみました。

すると、何ということでしょう。

気づくと、わたしの後ろに列ができていました。列に続く人たちが、みんな、わたしのオリジナルの参拝方法をマネし始めたのです。

「ルールは自分で創っていいんだ！」って気づいた経験ですね。

ルールは「誰かのもの」を守るより、「自分のもの」を創るほうが面白い

わたしは社会不適合者!?　これからの「時代と価値観」の変化を読み解きます

わたしが生まれた日というのは、水瓶座の性質が一番濃く出る時期だったんですね。なので、わたしって、めちゃくちゃ水瓶座っぽいんです。

水瓶座の性質って、一言で言うと変人です。浮いています。独自性があって、人と同じことが好きではありません。ていうか、できない。

「みんながやるからやろう！」なんて言って、みんなでガッツリ同じ方向を向いて進んでいくなんて、できるわけがありません。

もちろん、こういう性質を持っている人は世の中にたくさんいますが、わたしは、その特徴がめっちゃ激しく出るタイプなんです。

もし、「みんな同じことをしなきゃいけなくて、違うことをすると怒られる」という価値観の、昭和真っただ中に生きていたら、わたしは完全に〝社会不適合者〟とされていたことでしょう。

現代に生まれてよかったーー！

これからの「時代と価値観」の変化

ここで、これからの「時代と価値観の変化」について、占星術師らしい視点から言えることをお伝えしてみます。

２０２４年11月、完全に、冥王星が水瓶座に入りました。冥王星は、約２４８年かけて、黄道12星座を一周するので、一つの星座に滞在するのは大体20年です。

つまり冥王星は、２０２４年から２０４４年くらいまで、水瓶座にいます。

で、冥王星の特徴っていうのは、「破壊」と「再生」を司ることなんですね。つまり、古い価値観、構造、意識などをブッ壊して、新しいものを生み出します。

ですので、世界がより〝水瓶座っぽく〟なるように、今までの既存のなんちゃらかんちゃらが、これから20年かけて破壊されて、新しいものに作り替えられていくでしょう。

さあ、これから世の中、こんな感じになりますよ！

というわけで、これからの世界は、全部自由なわけなんです。

今までのルールとか、制度とか、そんなの関係なくなっちゃって。

「みんな違って、みんないい！」

学歴？　名声？　権力？　そんなの気にしなくていい！

国籍？　人種？　性別？　どんどん超えちゃって！

組織？　家族？　パートナー？　そんな枠に縛られなくていい！

で、働き方も自由！

みんなに合わせるんじゃなくって、自分が好きなことをすればいい！

ＡＩが仕事をしてくれる！　でも、自分も何かやっちゃう！

とにかく、「わたしはわたしなのだ！」っていう世界。

で、最終的にどうなるかっていうと……、

「みんな自由すぎて逆に不安！」（笑）！！！

これからは〝こうありたい〟で生きる時代！

おわりに

本書を通して、いちいち悩まなくなる考え方をお伝えしてきましたが、わたしが言いたいことは、この一言に尽きます。

「人からどう思われるか!?」という考えは、不要！　そもそもそんなに思われていない説……。だから、そんなに気にしなくても大丈夫。

一番大事なことは、「自分はどうしたいのか!?」と、いちいち自分に聞くこと。

自分がどうこうしても変わらないことは、考えなくていい。

まあ、つまり……、**悩んでもしょうがないことは、悩まにゃい！**

2025年3月吉日　アトリエにて

キャメレオン竹田

キャメレオン竹田の「頭の中」がわかる！ Q&A

Question & Answer

Q1 人生とは？

気がついたら、いつの間にか参加していたゲーム。そして、真面目にやるより楽しんだ人が勝つルール。

Q2 仕事とは？

「自分をどう楽しませるか」という遊び！

Q3 お金とは？

使っても楽しいが、増やすことの方が楽しい、という遊び！

Q4 結婚とは？

一人も楽しいし、二人も楽しい。たまにめんどくさい。でも、結局、一緒にいるってことは、めんどくさいのも含めて楽しい可能性大。

Q5 好きな人間は?

自分で自分の機嫌を取れる人。あと、人との距離感がバグってない人。

Q6 パワースポットは?

自宅! あとは大自然があるところと、フレンチブルドッグがいるところ。それから、新宿・伊勢丹!

Q7 方位は気にしますか?

全然気にしない!「自分がいるところ」が常に吉方位!

Q8 もしも、ものすごく苦しくなったら、何をする?

とりあえず〝深刻なフリ〟をやめる!(笑)

Q9 人からよく言われることは?

①仕事が早すぎる。②迷わない(決

めるのが早い)。③常におだやか。

Q10 自分と価値観が違う人が、その人が考える「自分の正論」を押し通してきたら?

「なるほど!」と認めれば人は満足する。こちらは何も変えなくて大丈夫。

Q11 もしも、「言った・言わない」で揉めたら?

「声がデカいほうが勝ち」ということにする(笑)。

Q12 もしも、「それ、前にも言ったよね!?」と言われたら?

「それはもしかして、別のパラレルワールドのわたしに、かもしれません」と伝える。

Q13 嫌なことを思い出した場合、どうする?

『北斗の拳』のケンシロウのように「それはもう終わっている。あたたたたたたたたた〜！！！」とやると、ポンッと消える。

Q14 心がワクワクする食べ物は？

海老名サービスエリアで食べるソフトクリーム。

Q15 最近、買ってよかったものは？

マッサージチェア♡空港に行くとき、搭乗ゲートのそばにあるマッサージチェアをいつも時間ギリギリまで使用していたけど、家にあると最高！　自分接待、最高！

Q16 1日のルーティンは？

その日はその日の感覚に従う！　ルールはない。

Q17 宇宙人に遭遇したら？

「どこの星から来たの？」と聞いた

あと、地球を案内しながら一緒に遊ぶ！

Q18 もし明日で世界が終わるとしたら？

「今」を最高に楽しむ！　これができたら、いつ人生が終わっても感無量！

Q19 もし透明人間になったら？

ていうか、「透明人間だったら何をする？」って考えると、自分の本当にやりたいことがわかる。だって人目を気にしないからw

Q20 「自分の人生に意味があるのかわかりません」と相談されたら？

意味というのは、あとからついてくるもの。だから、なくて大丈夫！

Q21 どうしてもやる気が出ない人へのアドバイスは？

やる気が出ないのは、本当は別のことをしたいだけ。だからそっちをやれば、勝手に動き出すキャラも！

Q22「自分に自信がありません」という人へのアドバイスは？

こんな相談してる時点で、「自信がないキャラ」の自分を貫く自信があるよね！

Q23「何をやっても続かない人」へのアドバイスは？

1つのことを続けるのも楽しいけど、いろんなことちょっとずつ経験できるのって、もっと楽しいじゃん！

Q24「いつも他人と比べて落ち込みます」という人へのアドバイスは？

他人と比べて落ち込むってことは、もっと上に行きたい気持ちがあるってこと。つまり、伸びしろしかない！

キャメレオン竹田
（きゃめれおんたけだ）

作家、画家、絵本作家、実業家。㈱トウメイ人間製作所 代表取締役。日本テレビ「DayDay.」ゴゴ占い監修。著書累計94万部超。

好きなことだけしていたら、気づけば自分も周りも軽くなり、自由になっていた。その経験を活かし、本を書き、人生を楽しむコツを伝えている。

これまでの著書に、『人生を自由自在に楽しむ本』『あなたの人生がラクにうまくいく本』『「神（キャメ）のお告げ」本』『いちいち幸せになる本』（以上、大和書房）、『神さまとの直通電話』『宇宙との直通電話 誕生日占い』（以上、三笠書房）、『タロットキャラ図鑑』『占星術キャラ図鑑』（以上、ナツメ社）、『お金が増えすぎちゃう本』『キャメレオン竹田のしあわせになる絵本』（以上、日本文芸社）など多数。


本作品は当文庫のための書き下ろしです。

だいわ文庫

いちいち悩（なや）まなくなる本（ほん）

著者　キャメレオン竹田（たけだ）

二〇二五年三月一五日第一刷発行

発行者　佐藤 靖
発行所　大和（だいわ）書房
東京都文京区関口一-三三-四 〒一一二-〇〇一四
電話 〇三-三二〇三-四五一一

フォーマットデザイン　鈴木成一デザイン室
本文・口絵デザイン　山田和寛＋竹尾天輝子（nipponia）
口絵写真　キャメレオン竹田
本文印刷　厚徳社　口絵印刷　歩プロセス
カバー印刷　山一印刷
製本　ナショナル製本

ISBN978-4-479-32120-0
乱丁本・落丁本はお取り替えいたします。
https://www.daiwashobo.co.jp